小さなプロ野球選手の履歴書

ヤキュイク編集部［編］

KANZEN

はじめに

『ヤキュイク』という少年野球サイトをご存知でしょうか？

「野球を通じて子どもたちに考える力を。」をモットーに、少年野球の指導者、保護者に向けて情報を発信するサイトです。

そんなサイトもスタートして間もなく7年になります。スタート当初は少年野球をメインにしたメディアもほとんどなく、少年野球に関する情報も少なかったように思いますが、最近では少年野球の記事を目にする機会も多くなりました。

必然的に『スーパー小学生』という表現を用いた記事も増えてきたように感じています。

言葉の定義ははっきりしていませんが、小学生離れした体格から、投げては剛速球、打っては大ホームランを連発する、そんな選手を『スーパー小学生』と呼ぶのかもしれません。

将来プロ野球選手になるには、そんな『スーパー小学生』と呼ばれるくらいでないとやっぱりダメなのでしょうか？

そんなことはありません。中学、高校、大学へと進む中で、かつての『スーパー小学生』たちの名前が聞かれなくなる、そういうことも意外と多いのです。

「小学生の頃に騒がれていたあの子、今どうしてるの？」

「〇〇高校でベンチにも入ってないそうだよ」

このような会話は、アマチュア野球の現場ではあるあるだったりします（その後もトップレベルであり続ける選手ももちろんいます）。

反対に、体も小さく、目立った活躍もしていなかった「無名だった小学生」たちが成長するにつれて、かつての『スーパー小学生』たちを逆転するケースも多々あります。まるで童話の『うさぎとかめ』のような現象です。

フィギュアスケートや卓球、ゴルフなどのスポーツは幼い頃からトッププレベルだった選手たちが、その後もずっとトップ選手であり続けているイメージがありますが、野球の世界ではなぜ『うさぎとかめ』のような逆転現象が多く起こるのでしょうか？

そこにヤキュイク編集部は以前から関心を持っていました。

関心を持っていることがもう一つあります。

それは近年、プロ野球の世界で身長の低い選手の活躍が目覚ましいという点です。

昔から体の小さな選手はいましたが、どちらかというバントや盗塁などの小技が求められる1、2番を打つタイプの選手が多かったように思います。しかし現在では、森友哉選手（オリックス／170センチ）、宮﨑敏郎選手（DeNA／172センチ）のように高い技術とパワーを兼ね備え、打線の中軸を担う選手も珍しくありません。昨シーズンまでオリックスの中心バッターだった身長173センチの吉田正尚選手も今年からメジャーリーグでプレーします。ピッチャーに目を移しても、平良海馬投手（西武）は173センチの身長から160キロ近い剛速球を投げ込み、球界を代表するリリーフ投手の1人になっています。

プロの世界では体格に恵まれているとはいえない彼らは、いったいどんな少年野球時代を過ごしたのでしょうか？

早熟タイプだったのでしょうか？　あるいは子どもの頃から小さかったのでしょうか？

身長の低さが現在のプレースタイルに影響を与えていることはあるのでしょうか？

自分の体格とどのように向き合い、どんなふうに練習に取り組んできたのでしょうか？

体が小さいことで壁にぶつかったとき、どのように乗り越えてきたのでしょうか？

どのようにしてプロに注目される選手へとなったのでしょうか？

そんなことを考えていると、彼等の野球ヒストリーを追ってみたいと思いました。

体の小さなプロ野球選手たちが辿ってきた野球ヒストリーと、前述した『うさぎとかめ』

の現象。この二つには何か関連性のようなものがあるのでしょうか？

そんな思いが、この本を制作するきっかけになりました。


体が小さかったり、線が細かったり、パワーがなかったり……。

なかなか試合に出られない、思うように活躍できない選手もいるでしょう。

体の大きい、パワーのある選手を前にすれば「自分なんて……」と思うこともあるでしょう。

でも大丈夫です。この本に出てくる選手たちの多くも、かつては小さな野球少年の一人にすぎませんでした。彼等は体のサイズが小さくても一流のプロ野球選手になれることを、身をもって証明してくれているのですから。


目先の結果よりも大事なものがある。今回の取材を通じて、そんなことを学ばせてもらった気がしています。

この本が、野球に携わるすべての指導者、保護者の皆さんにとって、何かの参考になれば幸いです。

そして、体の小さな野球少年、野球少女たちのみならず、プロ野球を目指すすべての人たちの夢に繋がってくれると嬉しいです。

東京ヤクルトスワローズ

石川雅規

(身長167cm) 1980年1月22日　左投左打

下新城小学校スポーツ少年団▶秋田市立秋田北中学校
▶秋田市立秋田商業高校▶青山学院大学▶東京ヤクルトスワローズ

「壁の越え方はひとつじゃない」

2002年のプロ入り以来、通算11度の二桁勝利をマークするなど、長くヤクルト投手陣の中心選手として活躍している石川雅規投手。170cmに満たない身長ながら40歳を過ぎた現在も第一線で投げ続けている。そんな石川投手にこれまでの野球人生、そして小さな体で投げ続けられる秘訣などを聞いた。

OPEN HOUSE

「怪しい商品」にもすがった小学生時代

小学3年生の時に「下新城小学校スポーツ少年団」というチームに入って、本格的に野球を始めました。個人的にはサッカーをやりたいと思っていたのですが、野球好きだった父親に勧められて入りました。それまでも友達や父親とキャッチボールをして遊んだり、父親の草野球に連れて行かれたりしていましたし、野球も好きでしたから。

体は当時から小さかったですね。父も身長は高くなくて、ぼくと同じくらい。小学校で整列する時は常に一番前。「前へならえ」では、いつも腰に手を当てていました。常にポールポジションでした（笑）。その頃の身長は覚えていないですけど、中学1年生の時は136センチだったことは覚えています。

「一生この身長のままじゃないか……」という不安もあって、背の低さはコンプレックスでした。小学生なんて遠慮せずに色々と言ってくるじゃないですか？「小さいな」とか「チビ」だとか。だから、やたら『ち』で始まる言葉に敏感に反応していましたね（笑）。

当時、週刊少年ジャンプの裏表紙に〝身長がぐんぐん伸びる〟みたいな器具とかヨガのビデオみたいな、興味をそそるような商品が載っていたじゃないですか？　それを買ってもらって、母親と一緒にやったりしていましたね（笑）。牛乳も苦手だったんですけど、鼻をつまみながら頑張って一気に飲んだりして。だから正直、今でも牛乳は苦手です（笑）。

チームでのポジションも、左利きだとどうしても制限されるんですよね。だから最初は外野、その後はファーストもやりました。でも背が低いので高いボールが全然捕れなくて失格。コントロールはなんとなく良かったので、最終的にピッチャーに落ち着いた感じですね。本格的にピッチャーになったのは小学5年生くらいでした。

打席でフォアボール狙いを指示されたりしたことはないですけど、自分で考えて、出塁するためにすごく低く構えたりはしていました。バットに当てるのは得意なほうで、足もそれなりに速かったので、打順は1、2番を打つことが多かったですね。

どこにでもいる普通のピッチャーだった中学時代

地元の秋田北中学に入学し、軟式野球部に入りました。当時はまだ硬式のクラブチーム

PHOTOS：産経新聞社

はあまりなかったんじゃないかな？　１学年上に同じ小学校出身の鎌田祐哉さん（元ヤクルト等）がいて、その頃からすごい選手だったんです。身長も高くて、投げても打ってもすごい。本当にかっこよくて憧れの存在でした。県内でも有名で、「こういう人がプロに行くんだな」と思って見ていました。だからヤクルトでまた一緒にプレーできた時は本当に嬉しかったですね。

鎌田さんが卒業した後は自分がエースになりましたけど、秋田市内の新人戦で準優勝したくらいで、全国大会に出たとか、県大会で上位まで勝ち進むような実績はまったくなかったです。本当に、中学校の部活でただピッチャーをやっていたというだけの普通の存在でした。

身長は中学の時が一番伸びました。３年間で20センチ以上伸びたのですが、それでも卒業する時は１６０センチくらい。高校に入った時は野球部の中で一番小さかったです。

そんな選手だったので、高校進学も野球推薦とかではなく、一般入試で秋田商業に入りました。当時の秋田商業の硬式野球部は、長らく甲子園から遠ざかっている古豪というイメージで、軟式のほうが強かったんです。中学の先生からは、「秋田商業だったらエースも狙えて全国大会にも出られるかもしれないぞ」って、硬式ではなくて軟式のほうを勧められたくらいでした。

ただやっぱり甲子園もあるし、「3年間ずっと控え選手でも、そこを目指してやったほうがいいんじゃないか」と父親にも言われて、入試を受ける時には硬式野球部に入ることを決めていました。

肌に触れた全国レベル、大学で感じた手応え

体が小さいことで当時苦労したのは、プレーというよりも体力面ですね。やっぱり練習についていくのがやっとで、高校1年生くらいまでは、毎日「今日も何とか生き残れた……」という感じでやっていました。だからこそ「小さい体でどうやったら通用するだろう?」ということは常に考えるようになったと思います。

身長は高校3年生の頃に止まって、最終的には167・8センチくらいですね。自分たちのような小さい選手にはこの「・8センチ」がものすごく重要です(笑)。

高校に入った頃は、プロ野球選手は夢ではありましたけど、現実的な目標ではなかったですね。まずは背番号をもらって試合で投げたいというところからのスタートでしたし、秋田商業を選んだのも銀行員になるのに有利かなと思っていたくらいですから。

大きかったのはやっぱり甲子園に出られたことですね。自分はまったく注目されるような選手ではなかったので、平安（現龍谷大平安・京都）の川口（知哉・元オリックス）とか智弁和歌山の高塚（信幸・元近鉄）とかを「すごいな〜」と思って見ていました。大学でチームメイトになる松田（直樹・元東芝）も桐蔭学園の4番で、自分なんかよりよほど注目されている選手でした。でも、全国レベルの野球に肌で触れたことで、「こんな高いレベルの選手たちと野球がしたい！」という意欲が強くなりましたね。甲子園に出たことで青山学院大のスポーツ推薦の基準もクリアして、進学できたというのも大きかったです。

高いレベルで野球をやることの不安もありましたけど、どちらかというと甲子園に出た時と同じで「どんなすごい選手がいるんだろう？」という楽しみのほうが強かったです。実際に入ってみたら、「意外にできるんじゃないか？」という手応えがありましたね。フリーバッティングやシートバッティングで投げさせてもらって、当然打たれたことも多かったですけど、ちゃんとコースに投げ切れば抑えられるなと。徐々に「めちゃくちゃレベルが違うわけじゃないぞ！」とプラス思考になりました。大学になるとバットが木製になるじゃないですか？　バッターは詰まることも多くて、それを嫌がるのもすごくよくわかりましたから。

大学でもチームメイトで自分より小さいピッチャーはいなかったですけど、駒澤大の1学年上に武田久さん（元日本ハム）がいました。自分と同じくらいの身長で活躍していたので、勝手に親近感を持って自分も頑張ろうと思っていました。

壁の越え方はひとつじゃない

大学時代はとにかくよく走りました。そのお陰で体も強くなったと思います。ボールのスピードも上がって、それと同時にスクリューボールを覚えて。いろんなものが良いタイミングで重なり、大学野球でも通用するようになっていきました。

プロを本格的に意識するようになったのは、やっぱりシドニーオリンピックの予選や本

PHOTOS：産経新聞社

この身長だったからこそ、
「大きな人には負けたくない！」という気持ちで野球に取り組めた

大会で、現役のプロの方と一緒にプレーさせてもらってからです。もう一歩、二歩、三歩頑張れば手が届くなと思えるようになりました。大学野球もレベルは高かったですけど、さらに高いレベルに触れられたことは大きかったですね。

その後も、身長が低かったことで、プロ入りするまでに大変だと感じることはありました。でも、壁を乗り越えられないんだったら穴をあければいい、地面に穴を掘ってでも通り抜けてやろう、そんな気持ちはありましたね。プロに入ってからはそれこそ一流の選手ばかりですし、そういう気持ちでずっとやり続けています。

他の選手と比べるな

もし自分の身長が180センチ以上あったら、絶対プロ野球選手になれていないんじゃないでしょうか。体が大きかったらここまで深く考えて野球をやることもなかったと思いますし、この体の大きさだったからこそ「大きい人には負けたくない！」という気持ちを持って取り組めたことも大きかったです。

体が小さいことにコンプレックスを持っている小学生や中学生もいると思いますけど、体が小さいから野球をしてはいけないというルールはないですし、いくらでも乗り越える方法はあります。

自分は中学まではまったく結果を残していませんし、甲子園に出た時も注目される選手ではありませんでした。それでも「すごい選手たちの中でやりたい！」という気持ちを持ち続けてきたからプロ野球選手にもなれたのだと思います。

だから今、身長が低く、なかなか活躍できていない小中学生の選手も、他の選手と比べるのではなく、ゴーイングマイウェイで頑張ってもらいたいですね。きっと道は開けると思います。

【プロフィール】

石川雅規（いしかわ・まさのり）

秋田県秋田市出身。秋田商では3年夏に甲子園に出場し、初戦で浜田高校の和田毅（現ソフトバンク）と投げ合い勝利をおさめている。青山学院大進学後は2年からエースとして活躍。3年時にはシドニー五輪の日本代表にも選ばれた。2001年のドラフト会議で自由獲得枠でヤクルトに入団すると、1年目から12勝を挙げて新人王を受賞。入団後5年連続で二桁勝利をマークするなどチームでも不動の地位を築いた。NPBのみの数字では現役最多勝利を誇る。プロ通算520試合登板、183勝180敗、防御率3・88（2022年シーズン終了時点）。

PHOTOS：産経新聞社

指導者が語る
アマチュア時代

大きい選手には負けたくない！普段は目立たなくても、マウンドに上がると顔つきが変わった

小野《おの》 平《たいら》さん
秋田商前監督

「ぼく」と呼ばれていた小さな少年

小野さんが最初に石川投手の存在を認識したのはプレーではなかったという。

「ノックを打つ時に私にボールを渡す役を常に石川がやっていたんです。体の小さいかわいらしい子でね。『ぼく、名前なんて言うんだ？』って聞いたのが最初だったと思います。だから最初はいつも『ぼく、ぼく』って呼んでいましたね」

右手にグラブをはめた小さな選手にポジションを尋ねると、ピッチャーだという。小野さんは野球を始めたばかりの小学生に話すようにこう言った。

「左投手なら変化球で上手くゴロを打たせられるといいな」

この時点で、石川投手がのちにプロで180以上の白星を積み重ねる大投手になることを予見できた者がいただろうか？　小野監督はもちろん、本人も含めて誰もそんなことは考えられなかったはずだ。

そんな石川投手は徐々に秋田商の中で頭角を現していくことになる。しかしその要因はボールの力というわけではなく、左投手という特性が大きかったそうだ。

「こちらの最初の期待はゼロでした。ただ左ピッチャーというのはチームの中でも貴重なんですね。だから毎日のようにバッティングピッチャーをやらせるんです。その投げている姿を見て、コントロールの良い子だなと思ったのがプレーに対する最初の印象でした。よく見ていると右肩が開かない理にかなった投げ方をしている。でも同級生の他のピッチャーと比べてもスピードもなかったし、下級生の頃は試合に使おうとは思わなかったですね」

石川投手が秋田商の戦力になったのは2年生の夏前、ある練習試合がきっかけだった。ピッチャーがあまりにストライクが入らず試合にならなかった。そこで小野監督はバッティングピッチャーをしていた時のコントロールの良かった小さなサウスポーの存在が頭によぎった。

「その試合で石川を投げさせてみたんです。そうしたら、相手を抑え込むわけではないですけど、ちゃんとストライクをとって、ある程度試合を作ったんです。それで『これは使えるな』と思ったんです」

入部当初は監督に「ぼく、ぼく」と呼ばれていた小さな投手は2年の夏にベンチ入りを果たした。

「新チームになっても最初は他のピッチャーを主戦で考えていたんですけど、なかなかバッターに向かっていけずに自滅するようなことが多かったんです。一方で石川は、ボールは速くなくても打者から逃げないし、ストライクもしっかりとれる。だから秋の大会が始まる前の8月から9月くらいには『石川を中心で行こう!』と決めました」

今に連なる「自分で考える」習慣

石川投手は身長を伸ばす努力をしていたという。それはなかなか実を結ぶことはなかったようだが、細かった体を大きくするために小野さんからも〝厳しい〟指導があったという。

「合宿の時には食堂に全員で集まってご飯を食べるんですけど、その時に私は選手の間を巡回するんです。ちゃんと食べているかとか食欲は落ちてないかとか。石川についてはその時にいつも『はい、お前はもう一杯な』と言って、多く食べるように促していました。だから石川は、合宿は練習よりも私にご飯を食べさせられることのほうが辛かったって後になって言っていました（笑）」

食事も指導していた小野さんだが、その一方で技術的なことに関しては細かい指導はしなかったという。

「私からピッチングフォームに関して何か言ったことは一度もありません。さきほども言いましたけど、理にかなった投げ方をしていましたから、体さえ強くなればボールも良くなるかなとは思っていました。ピッチングに関しては、当時は右バッターが特に多かったですから、右打者の膝元にカーブ、スライダーをしっかり投げられるようにということは言っていました。だからいつも指導というよりもアドバイスでしたね」

石川投手はそのアドバイスを自分なりにかみ砕いて吸収し、自分のピッチングに生かしていった。言われたままにやるのではなく「自分で考えてみる」。それは石川投手の優れた能力のひとつだった。

「私の言ったことに対して石川が単純に『はい』と言ったことはないんです。大体『あ、そうなんですか。これをこうやれば上手くなるんですね』みたいな感じで返すんですよ。素直に聞く力もあったし、そういう姿勢だから上達していったというのはあると思いますね。今は若い選手から色々聞かれる立場だと思いますけど、自分の考えを押し付けるんじゃなくて、こういうやり方もあるよという感じで話しているみたいですね」

小さな体に秘められた負けん気

この本に登場する他のプロ野球の選手たちと同じように、石川投手もまた「負けず嫌い」

だった。

「体も小さいので普段は割と目立たないんですけど、マウンドに上がると顔つきが変わる。やっぱり大きい選手には負けたくないという気持ちが強かったと思います。だからどんなに力のあるバッターを相手にしても逃げませんでした」

エースとしてチームを背負うようになってからは、こんな話もあったと小野さんが振り返る。

「練習試合で石川の調子があまり良くなかったから、他のピッチャーをブルペンに行かせたんです。そうしたら石川がそのピッチャーに『戻ってこい』って言ったんです。ピッチャーを交代させるのは私なのに、絶対に交代したくないっていう気持ちがあったんでしょうね。『この野郎！』と思いましたけど、それも石川らしいなと思いましたね」

練習に取り組む姿勢は真面目で謙虚。学校生活でも問題を起こさない。そんな手のかからない優等生だった石川投手だったが、冬のある日、ポロッと漏らした何気ないひと言が、小野監督の逆鱗に触れ、強く叱られたことがある。

「2年の秋の大会が終わった後の12月くらいだったと思います。秋田は雪が多いので、グラウンドも膝の少し上くらいまで積もるんです。当時の秋田商はティーバッティングができるくらいの小さなプレハブ小屋しかありませんでした。一方でライバル校の秋田経法大附属（現ノースアジア大学明桜）には立派な室内練習場がありました。石川が『あっちは冬でもピッチングができる』ってポロっと言ったんです。その時に私は叱りました。『ないものねだりしてもしょうがないだろう！　室内練習場がなくてピッチングができないんだったら、あっちのピッチャーの倍走れ！』ってね」

監督の怒りが石川投手の「負けず嫌い」に火をつけた。「言われたとおりに倍走ってきますよ！」とばかりに夕方から走りにいった石川投手は、辺りが暗くなり、人影が見えなくなってもグラウンドに帰ってこない。これには小野監督もさすがに心配になった。

「あまりにも帰ってこないから部員に探しにいかせたら、腰くらいまである雪の中を長靴を履いてまだ走っていたんです。まともに走れるような雪じゃなかったんですけどね」

一度は閉ざされた青学大入学への道

小さな体に宿る「負けず嫌い」を武器に石川投手は力をつけていった。だがこの時点ではプロが注目するような投手ではなく、「小さな無名投手」にすぎない存在だった。そんな投手が全国から精鋭が集う東都大学野球の青山学院大へなぜ進学することができたのだろうか？ それには同校ＯＢでもある小野さんの働きかけが大きかったようだ。

「青山学院大の監督（当時）の河原井（正雄）が私の大学の5年後輩なんです。石川が3年春の時に『面白いピッチャーいるから秋田まで見に来てくれ』って頼んで、河原井が練習を見に来たんです。しばらくピッチング見ていたら『小野さん、いいじゃないですか』って言うんですよ」

しかし、それにはこんな続きがあった。

「それが石川じゃなくて、隣で投げていた1年生のピッチャーのことだったんです（笑）。だから『違う違う、見てほしいのは隣で投げている左ピッチャーだよ』って伝えてね」

石川投手の投球を見た名将の評価は辛辣だった。

「『冗談やめてくださいよ。こんな小さいピッチャーを獲れるわけがないじゃないですか』と言うんです。まあ当時はそんなレベルのピッチャーだったんですけどね」

高校野球の監督をやっていると甲子園を目指すのはもちろん、教え子を願わくば自分の母校に入れたいという思いが湧くという。

「河原井に秋田の美味い酒をいっぱい飲ませて、最後には『じゃあ甲子園に出たら考えます』とまでは言わせたんです。実は春の東北大会にも久しぶりに出ていて、ちょっと自信があったもんですから、これならいけるかなと。案の定、甲子園にも出られて、それで石川も何とか青山学院に入れることになりました」

小さな投手の才能を見抜いた「あの」名将

「無名の小さな投手」にすぎなかった高校時代の石川投手を、早くから高く評価していた人物がいた。大阪桐蔭の西谷浩一監督だ。

「石川が3年の春に関西遠征に行って、いくつか強い学校と練習試合をさせてもらったんですけど、そのひとつが大阪桐蔭でした。そこに当時コーチになったばかりの西谷さんがいて、球審をやっていたんです。その試合はたしか1対2とかで負けたんですけど、石川がいいピッチングをしたんです」

試合後、西谷コーチが言った。

「あの左ピッチャーいいですね。使えますよ」

西谷監督と会うと、今でもその時のことを話してくれるという。

「石川にもこの話を伝えたことがあるんですけど、嬉しそうでしたね」

現在、ヤクルトで長くユニフォームを着続ける石川投手の活躍は小野さんにとって何よりも嬉しいものだという。

「最近はさすがにちょっと老けましたけど、顔つきやしぐさ、バッターに一生懸命向かっていく姿勢なんかは高校時代と変わらないですね。今の活躍について一言で言えば『大したもんだ』です。教え子というよりも大投手を見る思いですね。だから自分は石川の一番のファンだと思っています。立派だというのは成績だけではなくて、人間的な部分もです。年々人格が磨かれている。秋田はこれから米の収穫の時期ですけど、まさに『実るほど頭

を垂れる稲穂かな』という感じですよね。石川の亡くなったおじいさんも、小さい頃から
そのことが大事だとよく言っていたそうです」

石川投手について話す時、その端々から隠しきれない嬉しさが滲み出てくる小野さん。

そんな小野さんに、最後に石川投手にこんなメッセージをもらった。

「私も河原井も、今では石川には大感謝です。本人に伝えたいことは、年齢で区切りをつけるんじゃなくて、ボロボロになっても野球を続けてもらいたいということですかね。期待が大きくなかった選手が努力、努力で大投手になって、ボロボロになっても投げ続ける。それを見て勇気づけられる人も多いと思います。ボロボロになった姿も見たいということを伝えておいてください」


（取材：西尾典文）

千葉ロッテマリーンズ

美馬 学

(身長169cm) 1986年9月19日　右投左打

藤代バファローズ▶藤代町立藤代中学校（現取手市立藤代中学校）▶茨城県立藤代高校▶中央大学▶東京ガス▶東北楽天ゴールデンイーグルス▶千葉ロッテマリーンズ

「体の小ささを言い訳にしない」

藤代高2年の春にエースとして甲子園に出場。大学、社会人でも活躍し、2010年にプロ入りした美馬学投手。2022年には3度目の二桁勝利を挙げるなど、小柄な身長ながらも通算77勝を挙げ、長くプロの世界で活躍を続けている。そんな美馬投手は、体の小ささを言い訳にせず「努力を続けることが大事」だと、体の小さなジュニア世代の選手たちにアドバイスを送る。

PHOTOS：産経新聞社

壁当てで磨かれたコントロール

野球を始めたのは小学1年生の時です。本当は2年生か3年生にならないと入れないんですが、兄が入っていたので、1年生で入れてもらえました。両親はスポーツはやっていなくて、特に野球をやれとかスポーツをやれとかは言われませんでした。でも兄は運動が得意で、ぼくにとっては一番身近なスターという感じだったんです。その兄が入っていた「藤代バファローズ」というチームの練習についていったことが野球を始めたきっかけです。

いろんなスポーツをやりました。体育が得意で、球技も大体なんでもできました。その中でもとにかく野球が大好きで、普段の遊びも野球ばかり。そんな子どもでしたね。

当時憧れたプロ野球選手は西武ライオンズの松井稼頭央さんと松坂大輔さんです。2人ともめちゃくちゃかっこいいなと思って見ていました。

低学年の頃はポジションは特に決まっていなくて、ピッチャーをやるようになったのは4年生になってから。6年生の時は一応エースでした。コントロールが良かったんです。小さい頃から家でよく壁当てをやっていて、ただ投げるだけじゃなくて狙ったところに当てられるまでやっていたんです。今にして思えば、それがコントロールの良さに繫がったのかもしれませんね。

チームには長年指導をしている監督やコーチがいるわけではなくて、その時々の選手の親が指導をしていました。ゴリゴリに練習をして「何がなんでも勝つぞ！」みたいに厳しくやる感じはなくて、当時としては割と楽しい雰囲気で野球をやっていたと思います。だから、野球をやらされていると感じたことは小学生時代はなかったですね。

小学校の頃から身長はめちゃめちゃ小さかったです。（レギュラーの中で）一番小さかったんじゃないかな。中学校に入った時も１４０センチくらいでしたから。

中学は部活の軟式野球を選びました。近所に硬式のクラブチームがひとつしかなくて、そんなに強いチームでもなかったというのもありますし、当時の茨城県は軟式のほうがレベルが高いくらいだったんです。地元の藤代中学も強かったですからね。

中学では全国大会にも出場することができました。そんなに力のある選手はいなかったんですけど、とにかくミスをしない、負けないチームという感じでしたね。でも、最後の試合はそのミスで負けてしまったんですけどね。

PHOTOS：産経新聞社

卒業する頃の身長は160センチくらいだったと思います。中学生の時期が一番身長の伸びる成長期だと思うんですけど、身長を伸ばすために特別に何かをやったりはしませんでした。周りにそんなに大きい人がいなかったというのもあるんですけど、それほど自分の身長を気にしたことがなかったんです。だから中学校くらいまでは自分の身長にコンプレックスもなかったですね。

「野球の成長期」は中学2年の秋から3年の春にきましたね。当時はトレーニング器具などもなく、筋トレもやっていなくて、ランジ（股関節と膝関節の曲げ伸ばしを行う）で100メートル行けとか、うさぎ跳びで100メートル行けとか、昔ながらの「昭和のトレーニング」ばかりやっていました（笑）。それを一冬我慢してやっていたら勝手にボールが速くなって、気がついたら春からエースになって全国大会に出ていましたね。

中学時代で覚えているのは、マウンド上で感情を出しすぎて先生に怒られたこと。とにかく負けず嫌いだったので仲間にも当たったり、キレたりするようなピッチャーだったんです。それを先生に怒られて、それからはあまり感情を出さなくなりましたし、冷静に考えられるようになりましたね。

自分の身長を初めて意識した高校時代

地元の藤代高校に進んだのは、兄が通っていたことや、地元の先輩たちも行っているということもあったのですが、一番大きかったのは中学の顧問の先生の影響です。「強い私学を倒したい！」という気持ちが強い方で、それが刷り込まれていた部分もあったと思います（笑）。だから「常総（学院）を倒して甲子園に行きたい！」という気持ちが強くて、公立の藤代高校に進学しました。

高校からボールが硬式に変わりましたけど、特に苦労はしなかったです。むしろ軟式は投げる時にボールが柔らかくて潰れる感覚があったのですが、硬式になってそういうこともなくなり、投げやすくなったと感じたくらいです。

初めはサードをやっていたんですけど、持丸監督（修一・現専大松戸監督）のお眼鏡にかなわなくて「ピッチャーだけやっていろ」と言われて直ぐにクビになりました（笑）。打順も8番で「ピッチャーは打つことよりもバント」という感じ。バッティング練習もほとんどさせてもらえませんでした（笑）。

自分の背が小さいと意識したのは、2年の春に甲子園に出てちょっと注目され始めた時くらいですね。当時は165センチくらいだったと思うんですけど、他の学校の選手から「あ、美馬だ！」という声と一緒に「小っさ！」という声も聞こえてきて（笑）。その時に「あぁ、俺は小さいんだ」って初めて思いましたね。気がつけば周りに大きい選手も多くなっていました。

その頃はプロという世界が何となく見えてきて、スカウトの方も見に来てくれるようになったんです。でも「もうちょっと身長があったらなぁ……」と言われることが結構あって。でも身長って伸ばそうと思っても伸ばしようがないですからね（笑）。そこからですね、「身長のことでいろいろ言われないくらいの実力をつけないといけない」と考えるようになったのは。

常に身長のことは言われ続けていた

ぼくは肘などの手術を全部で6回やっています。でも体が小さいから無理をしてしまっ

PHOTOS：産経新聞社

「身長の低さが気にならないくらいの
ピッチャーになってやる！」と
ずっと思っていました

たということではありません。原因はただの投げすぎです。投げることが好きすぎて、高校時代までは自分は怪我をしないものだと勝手に思い込み、とにかく多く投げていました（笑）。少し痛いところがあっても、投げているうちにほぐれてきて投げられるような感覚でずっとやっていました。高校3年になった時にそのつけが一気にきて、肋骨と鎖骨と肘を骨折しました。

でも今もこうしてプロで10年以上投げられているので、特にそれがマイナスだったとは思っていません。むしろリハビリの時に勉強したり考えたりする時間もあったので、良いリセットタイムになったのかなと思っています。

中央大学に入ってからは、トレーニングやコンディショニングについて考えるようになりました。トレーニング器具も充実していましたし、ウエイトをやっている人もいて、知識がある人もいる。怪我をしている間にリハビリもしながらウエイトもしっかりやっていたので、筋力がついてボールも速くなりましたね。

体の大きな選手に負けたくないとかは特には思わなかったです。でも2学年下の澤村（拓一・レッドソックス）たちの代にはいいピッチャーが多く、早くから活躍していたので、彼らには負けられないという気持ちは強かったですね。

大学3年の頃に150キロくらい出るようになったんですけど、それは「この身長でプロに行くためにはコントロールがいいだけではダメだ」と意識して伸ばした部分でもあるんです。自分の身長でどうやったら速いボールを投げられるかを考えて、身近にスピードガンとかもなかった時代でしたから、一番わかりやすいのは遠投だと思ったんです。遠くにボールを投げられたら純粋にボールが速くなるんじゃないかって。なので、とにかく遠くにボールを投げるにはどうしたらいいんだろうと、いろいろ考えて練習をしました。澤村も遠投がすごかったですし、その頃の中央大学のピッチャー陣は当たり前のように遠投していました。だからみんなボールが速かったですよね。

プロが明確に見えてきたのはその頃ですね。大学に入ってからプロに行く人を間近に見て「これだけやればプロに行けるんだ」というのもわかりましたし、3年生になって試合でちょっと投げるようになって「プロに行けるんじゃないか？」と思うようになりました。

大学、社会人時代も身長のことは言われ続けていました。でもとにかくプロになりたかったので、「身長の低さが気にならないくらいのピッチャーになってやる！」とずっと思っていました。身長だけがネックになってプロに行けないって最悪ですよね。だからもう一回やれと言われてもできないような努力と練習はやっていましたね。

体の小ささを言い訳にしない

ベテランと言われる年齢になりましたけど、若い時に比べると無駄なことはしなくなったかなと思いますね。がむしゃらにただやるということがなくなりました。考えるようになったのは、今何が必要で、そのためにやらないといけないことは何かということ。知識が身についたことと、若い時にいろいろ試してきた分、以前と比べてやりすぎなくなったことが今でもプロで続けられている理由でもあるのかなと感じています。

もしも昔の自分に何かアドバイスできるとしたら、「肘が痛いんだったら休めよ」とは言ってやりたいですね（笑）。なんであんなに痛かったのに投げていたのか、今考えると謎ですから（笑）。靭帯が切れても投げていましたからね。

自分の身長が１８０センチくらいあったとしても、もっと楽にプロになれていたとは思いません。逆に調子に乗って終わっていたんじゃないですかね。振り返ると何度かそういう時期もありましたし、そこで鼻をへし折られて今があると思っていますから。だから体が大きかったら自分を過信してそこまでの努力をしていなかったと思うんです。

「もうちょっと身長があれば——」と言われ続けたことが反骨心に繋がったので、今となってはこの身長で良かったと思っています。

体の小さなジュニア世代の選手に対して何かアドバイスするとすれば、それを言い訳にしてほしくないということですね。小中高時代は上達するのが早い時期です。やったらやった分だけ上達するので、体が小さいから上手くできない、試合に出してもらえないとか言い訳にして逃げるのではなく、努力することが大事だと思います。

そして決めたことをやり抜く。

「毎日走る」とか「毎日これをやる」と決めたことは絶対にやっていました。やると決めたことを毎日かかさずに続けていくうちに、忍耐力やメンタルが鍛えられたのかなと。決めたことをやるということに体格は関係ないですから。

あとはやっぱり「上手くなりたい！」という気持ちですね。そう強く思えたら自分から勝手に練習をするでしょうし、どうやったら上手くなれるか考えるようになる。そうやって自分で考えることが大事ですよね。「小さい体をハンデにしないためにどうやったらいいだろう？」って自分で考えてきたことが今はプラスになっていますから。

ぼくは体が小さくて非力な子どもでしたけど、それでも「フォアボールを狙え」「叩きつけてゴロを打て」など、「お前は小さいんだから――」というようなことを指導者から言われたことがまったくないんです。打ち方だったり投げ方だったりも好きなようにやらせてもらえましたし、あぁしろ、こうしろと言われた記憶もありません。今にして思えば、それが自分の身長のことを気にせずに、野球選手として小さくまとまらなかったことに繋がっているのかもしれないですね。

野球教室でも指導者が子どもたちにガンガン指示とかをしているのを見ますけど、あんまり良くないかなと思います。もっと楽しんでやったほうが子どもたちが自分たちで考えるし、上手くなるんじゃないかと。いろんな子どもがいるので、特にジュニア世代の指導者の方には全員を同じようにではなく、その子に合わせた指導をしていただきたいですね。

【プロフィール】

美馬学（みま・まなぶ）

茨城県北相馬郡藤代町（現在の取手市）出身。藤代町立藤代中学校（現取手市立藤代中学校）時代は軟式野球部に所属し、第23回全国中学校軟式野球大会に出場してベスト8。茨城県立藤代高校では2年春にセンバツ出場。中央大学では4年春に2部優勝に貢献してMVPを受賞。東京ガスを経て2010年にドラフト2位で楽天に入団。2013年に日本シリーズMVPを受賞。2017年には開幕投手も務める。2019年にFAでロッテに移籍。2022年には自身3度目の二桁勝利を挙げるなど活躍。プロ通算245試合登板、77勝77敗、防御率3・85（2022年シーズン終了時点）。

PHOTOS:産経新聞社

指導者が語る
アマチュア時代

体が小さかろうが、希望を持って練習を続けた それが一番すごい

持丸修一《もちまるしゅういち》さん
専大松戸高監督
（藤代高元監督）

プロに行けることならなんでもやった男

藤代高に入学する前から、持丸監督と美馬投手との間には深い縁があった。美馬投手が通っていた藤代中は、持丸監督の母校。当時の友野和也監督は、持丸監督の前任・竜ヶ崎一高時代の教え子。さらに、美馬投手の2つ上の兄、隆太さんが藤代高の野球部に在籍し、持丸監督の指導を受けていた。

「藤代中に、『いいピッチャーがいる』という情報は聞いていていました。入学前か入学後か忘れましたけど、初めて見た時は、体が小さくてびっくり。150センチもなかったんじゃ

ないかな」

コントロールが良かったこともあり、早い段階から練習試合で起用した。驚くようなスピードがあったわけではない。それでも、どんな相手でも堂々と投げ、試合を作る能力を持っていた。

「1年生なのに、3年生みたいに投げるんですよ。普段は謙虚で物静かな子がマウンドに上がると一変して、ふてぶてしく堂々としている。まだまだ、ボール自体は大したことないんですけどね。投げている時は、実際の身長以上に大きく見えました」

1年秋からエース格となり、県大会決勝では常総学院高を10対3で下して優勝。関東大会ではベスト4に勝ち進み、センバツ出場権を手中に収めた。センバツでは、2回戦で駒大苫小牧高に2対1で勝利するも、3回戦では徳島商に1対6で敗れ、甲子園を去った。

「いろんな人が見てくれましたが、誰もが『この子は投げる感覚がいいね』という感想を持つ一方で、『プロに行くような選手ではないかもしれないね』という話もありました。やっぱり、上でやると考えたら、あの身長が引っかかったのでしょうね」

当時のサイズは165センチ58キロ。ストレートの最速は136キロ。『報知高校野球

2003年3月号』を読み返すと、持丸監督のこんなコメントが掲載されている。

「もし、美馬の身長が180センチあったら、プロから声がかかるぐらいの投手に育つのではないか」

確認してみると、「そんなこと言ったっけなぁ。忘れちゃったよ」と大きく笑った。

たしかに、「身長さえあれば……」と思うこともあったという。それでも、願ったところで、身長がいきなり伸びるわけではない。何よりも本人が、「プロに行きたい」という一心で努力を続けていた。

「美馬のことで思い出すのは、ずっとピッチングをしていたこと。ピッチング練習が始まったら、自分が納得するまでやめようとしない。300球でも400球でも、平気で投げていました。『お前、いつやめるんだよ』とこっちが思うぐらいで、球数を抑えるほうが大変。私が、『プロに行くピッチャーは、ホームベース上でピュッと伸びるボールを投げる』と言ってからは、『監督さん、今のボールならプロに行けますか？　今のはどうですか？』と何度も聞いてくるようになりました。そんな教え子は、美馬しかいないですよ」

トレーニングにも、手を抜くことなく取り組んだ。当時は、うさぎ跳びなどの原始的なメニューも多かったが、監督の前で弱音を吐くようなことはなかった。

「努力を絶対に惜しまない子でした。とにかく、『プロに行けることなら、なんでもやります』という感じですべてを前向きに捉えていた。何があっても絶対にひるまずに、あきらめない。それぐらいプロに対する、強い気持ちがありました。体が小さかろうが、希望を持って練習を続けていたことが、一番すごいところであり、今の美馬に繋がっていると思います」

最大の特徴は心の強さと負けん気

春夏連続出場を狙った2年夏は、その夏限りでの勇退を発表していた木内幸男監督が率いる常総学院高に1対7で敗れて準優勝。甲子園では、常総学院高が全国制覇を成し遂げた。県内の野球関係者にとっては大変喜ばしいニュースであったが、藤代高の野球部員は違う気持ちを抱いていた。木内監督の後任として発表されたのが、持丸監督だったからだ。まさに寝耳に水。新チームから、持丸監督はライバル校に移ることになった。

「ここまで生きてきて、申し訳ないことはたくさんあるけど、一番申し訳ないと今でも思うのがこのときのことです。私を慕って、藤代を選んでくれた選手たちに何と言っていいか……。チームのために投げてくれていた美馬にも、事情を説明したことを覚えています」

このとき、持丸監督は55歳。じつは、48歳になる年に竜ヶ崎一高から藤代高に異動する際、「環境的に竜一と同じように野球はできない。55歳になったら教員を辞める」と決めていた。そのタイミングで常総学院高から話が来た。

こういう経緯があったからこそ、常総学院高に移ってからも美馬投手のことは気になっていた。アドバイスを送ることもあれば、ヒジを痛めたと聞いた時には、以前から信頼を寄せていた栃木の整形外科医を紹介した。

「2年生が終わる頃、ボールが強くなってきて楽しみになってきたところで、ヒジを痛めてしまって。3年春に常総学院と当たっているけど、美馬は投げていないはず。その年の夏は2回戦で竜ヶ崎一に負け。ここでも、美馬はほとんど投げていないんじゃないかな。投げていたとしても、万全ではなかったはずです」

大学は持丸監督の紹介もあり、中央大へ。4年間、心身を鍛え、社会人の強豪・東京ガスに入社したあと、持丸監督に「ぼくは何としてもプロに行きたいです」と告げてきたという。ストレートの球速は１５０キロまで上がっていた。

「高校の時は、あの身長では厳しいかなと思っていましたけど、この子なら実現できるかなと思うようになっていました。それは、美馬の心の強さと負けん気。その強さがあれば、プロでもやっていける。心配だったのは、ヒジの状態です。高校で手術して、大学でも痛めている。投げ方が悪いわけではなく、一番の原因は投げすぎ。今の球数制限があれば、そこまで痛めることはなかったかもしれませんが、でもそのやり方では、プロ野球選手・美馬学は生まれなかったと思います。たくさん投げることで、ピッチャーとして成長を遂げていきました」

プロ入り当初はリリーフで起用されたが、２年目からはヒジへの負担を軽くするために先発に転向。そして、３年目の２０１３年には、日本シリーズで２勝を挙げてＭＶＰに輝いた。

「あれはもう、涙がこぼれるぐらい嬉しかったですよ」

持丸監督にとっても、一生忘れられない思い出になっている。

73歳の誕生日に起きた奇跡

２０１９年オフには、ＦＡでロッテに移籍。移籍に際して、美馬投手から相談を受けていた。

「美馬は優しく、義理や人情を第一に考える男です。だからこそ、『自分のこと、家族のことを第一に考えたほうがいいんじゃないか』と話をしました」

移籍2年目の２０２１年4月17日には、信じられない奇跡が起きた。

持丸監督73歳の誕生日に、美馬投手はじめ、上沢直之投手（専大松戸出身／日本ハム）、高橋礼投手（専大松戸出身／ソフトバンク）と、教え子3人が揃って勝ち投手になったのだ。そもそも、教え子3人がプロで同時に先発すること自体、とてつもない確率だ。

「いやもう、あの日は本当に嬉しかったですね。そのあと、3人が投げている写真、それぞれのサインを入れたパネルを作って、誕生日プレゼントに贈ってくれたんです。それを企画したのが、美馬だったみたいで、周りに優しくて、こういう心遣いができる。チームでの様子を見ていても、信望の厚さが伝わってくるのが、本当に嬉しいですね」

今年で37歳。一家の大黒柱であり、チームのローテーションを担う精神的支柱でもある。

2022年の開幕前には、「ストレートが良くなってきたんです！」という報告があったという。まだまだ衰えは見られない。

持丸監督の誕生日に贈られた記念パネル。（持丸氏提供）

「40歳まで投げてほしいと思います。でも、それができなかったとしても、もう十分にすごい野球人生を送っていますよ。『頑張ってくれて、ありがとう』。その気持ちが一番ですね」

（取材：大利実）

横浜DeNAベイスターズ

宮﨑敏郎

(身長172cm) 1988年12月12日　右投右打

唐津スカイヤーズ（小・中）▶佐賀県立厳木高等学校▶日本文理大学▶セガサミー▶横浜DeNAベイスターズ

「自分が決めたことを毎日続けて」

2012年にDeNAにドラフト6位で指名された宮﨑敏郎選手。プロ4年目、2016年途中からレギュラーに定着すると翌2017年には打率.323で首位打者を獲得。2018年には28本塁打を記録するなど、以後もセ・リーグ屈指の右打者として活躍を続けている。野球を始めた小学6年当時は148cmしかなく「めちゃくちゃ小さかった」少年は、どのようにしてプロ野球選手になったのだろうか？

PHOTOS：産経新聞社

51

身長148センチ、小6で野球チーム入団

野球チームに入ったのは小学6年の時です。ぼく自身は硬式野球チームにずっと入りたかったのですが、「早いうちに硬式で野球をやると怪我をする、危ない」と親から反対され、ずっとチームに入ることができなかったんです。

チームに入るまでの間は、たまに友達と野球遊びやキャッチボールとかもやっていましたけど、なぜかサッカーをして遊ぶほうが圧倒的に多かったですね。実際にサッカーチームから誘われたこともありました。でもやっぱり野球という、投げたり、打ったりという競技性が好きだったんでしょうね。硬式チームを諦めて軟式野球チームに入るという選択肢もあったのですが、どうしても硬式の野球がやりたかったんです。そこまで硬式野球にこだわっていた理由は、友達が先にチームに入っていたこともありますけど、シンプルに家からチームの練習場所が近かった(笑)。それにぼくが入りたかったボーイズリーグのチームは小学部、中学部があったので、そのまま中学でも硬式野球を続けられるというのもありました。

野球は見るよりもやるほうが好きで、小さい頃にプロ野球とか甲子園とか見た記憶はほとんどないんですよね。野球以外ではそろばん教室に通っていました。小学校に入る前には水泳も習っていましたが、喘息を克服する目的でやっていたので、それが将来的に野球に生かされたということはわからないんですよね（笑）。

6年生の時にようやく親の許しが下りて入部したのが「唐津スカイヤーズ」というチームでした。念願の野球チームに入れた当時の身長は148センチくらい。めちゃめちゃ小さかったです。

直されなかった独特のバッティングフォーム

当時は小学校の軟式野球チームのほうが人気があって、ぼくの入った硬式チームはそこまで部員がいなかったんです。だから試合に出られるチャンスを与えてもらえたというか、割とすぐに試合に出られましたし、入部1年目から全国大会にも出場できました。

ポジションはピッチャーで、投げない時は内野を守っていました。打順は3番か6番だったかなぁ。現在の独特のバッティングフォームは、この頃にほぼ完成していて今とそんなに変わっていないんです。ボールを遠くに飛ばすために試行錯誤する中で、ああいうスイングに辿り着いたという感じですね。体が小さいのに今のようなスイングで遠くに飛ばすことを求めていたんですけど、それでも指導者の方から「体格に見合ったコンパクトなスイングをしろ！」「もっとゴロを転がせ！」と言われた記憶はまったくありません。思い返してみると、割と伸び伸びと自由にやらせてもらっていました。

足の速さは普通でしたね。チームの強さは全国大会に出場したとはいえ、中の上くらい。土日と平日1日の週3日の練習でしたけれど、土日はほとんど試合でしたね。監督やコーチの指導は厳しい時もありましたが、それはチームに対してであって、先ほど話したように、選手個人に対しては伸び伸びと自由にやらせてもらいました。この頃はプロなんて考えられない、無縁の世界だと思っていました。

中学入学の頃の身長も小学6年生から変わらず148センチでした。チームの中では真ん中より少し小さいくらいで体も細かったですね。でもあまり自分の体格を気にしたことはなかったですし、大きい人は大きいなりに、小さい人は小さいなりにというふうに思っ

好きなようにさせてあげて型にはめないこと、
それが子どもたちの一番の伸びしろになるんじゃないかなと
思います。

PHOTOS：産経新聞社

PHOTOS：産経新聞社

ていたので、一生懸命に牛乳を飲んだりとか、特に何もしなかったですね。それでも卒業する頃には167センチくらいまで伸びました。中学3年間で一番身長が伸びましたね。

中学では練習の回数が小学校より少し増えたように記憶していますが、変わらず楽しく野球をやっていました。全国大会にも1回出場できました。

人よりも遠くに飛ばしたいし、人よりも速いボールを投げたい

高校はいくつか声をかけていただき、その中から地元の厳木高校を選びました。その頃は佐賀県の中でも強くて「ここだったら甲子園に行けるかもしれない」という思いも少しはありました。それに私立に進んで親に負担をかけたくなかったというのもありました。家からも近かったですし。

学年でいうとぼくはいわゆる『ハンカチ世代』なんですけど、当時の自分の実力は周りよりちょっと上手い程度だと思っていましたから、斎藤佑樹投手（当時早稲田実業、元日本ハム）や田中将大投手（当時駒大苫小牧、現楽天）と自分が同級生という感覚はまった

くなかったですね。別の世界の人達という感じでした。

高校でも身長が少し伸びて171センチになり、大学、社会人でもう1センチ伸びて、現在の172センチになりました。振り返ってみると、このあたりから「プロ野球選手になるには上背がないと目立たない」とか、とにかく「上背が……」とはよく言われていましたね。

プロが注目するようなドラフト候補の4番打者もみんな180センチくらいあると思うんですけど、ぼくみたいな上背がない選手が打球を遠くに飛ばすためにはどうしたらいいのかを考えたら、やっぱりパワーが必要だなと思ったんです。だからウエイトトレーニングを結構やりましたし、食トレというほどではないですけど、食べ盛りの頃でもありましたからたくさん食べましたね。やっぱり負けたくなかったですし、人よりも遠くに飛ばしたいし、人よりも速いボールを投げたいという思いがありました。

小さくても右方向に大きな打球を飛ばせた秘訣

大学はセレクションを受けて大分県の日本文理大学に入りました。ピッチャーとして入ったのですが、当時の投手陣が後にオリックスに1位指名される古川秀一さんだったり、巨人に入団する小野淳平さんであったり、レベルがものすごく高くて、入部1週間くらいで「野手に転向したいです」って言いました（笑）。それからすぐに1年生大会があったのですが、野手に転向してまもなくだったので守るところもなく、「だったらDHで出ろ」と言われて試合に出たんです。そしたら、その試合で2、3本ポンポンと打てて、次の日も打って、また次の日も打って、という感じで、打つほうで入部早々に結果を出すことができたんです。それからは守備にもつかせてもらえるようになって、試合に出させてもらえるようになって、気がついたら部員が200人いる中で1年の秋からレギュラーとして使っていただくようになっていました。

それでも、大学4年間を通してプロなんてまだまだ全然考えられなかったですよね。やっぱりこの頃も「上背が……」って言われていましたし、大きい人がやっぱり目立つ時代でしたからね。

小さいなりの体の使い方の研究とかはしてこなかったですけど、小さいながらに右方向に大きな打球を飛ばすことはできていた気がします。その要因を考えてみると、小さい頃から重たいバットを全力で振り続けてきたことと、大学でウエイトトレーニングを本格的に始めて体ができてきたこと、何より大きかったのはそれを継続して取り組んだことですね。その結果、反対方向に大きな打球を飛ばすだけではなく、大きな選手よりも飛距離を出せるようになったことに繋がったのかなと思います。

自分が決めたことを毎日続けて

大学卒業後も社会人のセガサミーで野球を続けられたのは、やっぱり野球が好きだったから。大学まで続けてきた野球を可能性がある限り、プロへのチャンスがあれば行けるところまで行きたいなという思いで続けていました。

野球を好きでいることができた要因は、やっぱり小・中学時代に身長や体格について特に何も言われなかったこと、普通だったら指導者から直されるようなバッティングフォームも直されず、自分のやりたいようにやらせてもらえたことが大きいですね。小中一貫して唐津スカイヤーズという硬式チームで野球ができたことも大きかったかもしれないです。小学校、中学校と別のチームだったら、途中でフォームを変えられていたかもしれないですからね。

今、少年野球を頑張っている子どもたちの中で、背が小さかったり、体が細かったりする子もいると思います。そういった子たちには「少しでもいいから、自分で決めた何かを毎日ちゃんと続ける」。これをまずやってほしいですね。

自分も小さい頃から重たいバットを全力で振ることを続けてきましたし、大学ではウエイトトレーニングを継続。そうやって自分が決めたことを毎日続けると、そのことが自分の可能性を引き出してくれると思います。無理なことはしなくていいんです。無理なく自分で続けられそうなことを毎日やる。それを積み重ねていくことがとても大事です。

今は少年野球人口が大幅に減少していると言われていますが、少年野球の指導者の皆さんにぼくから何か一言いわせていただくなら、「子どもたちを型にはめないで」ということですね。好きなようにさせてあげて型にはめないこと、それが子どもたちの一番の伸びしろになるんじゃないかなと思います。

【プロフィール】

宮﨑敏郎（みやざきとしろう）

佐賀県唐津市出身。小学6年の時に硬式野球チーム「唐津スカイヤーズ」に入団。中学でも同チームの中学部でプレー。小中学時代にそれぞれ全国大会にも出場。佐賀県立厳木高校では高校通算20本以上のホームランを放つなど、投打で活躍したが甲子園出場はなし。日本文理大学では投手して入部するも直ぐに野手に転向し、1年秋からレギュラーを獲得。社会人野球のセガサミーに進んだ後、2012年にDeNAドラフト6位指名。2017年には打率・323で首位打者のタイトルを獲得。首位打者1回（2017年）、ベストナイン2回（2017年、2018年）、ゴールデングラブ賞1回（2018年）。プロ通算957試合、1015安打、118本塁打、409打点、打率・302（2022シーズン終了時点）。

横浜DeNAベイスターズ｜宮﨑敏郎

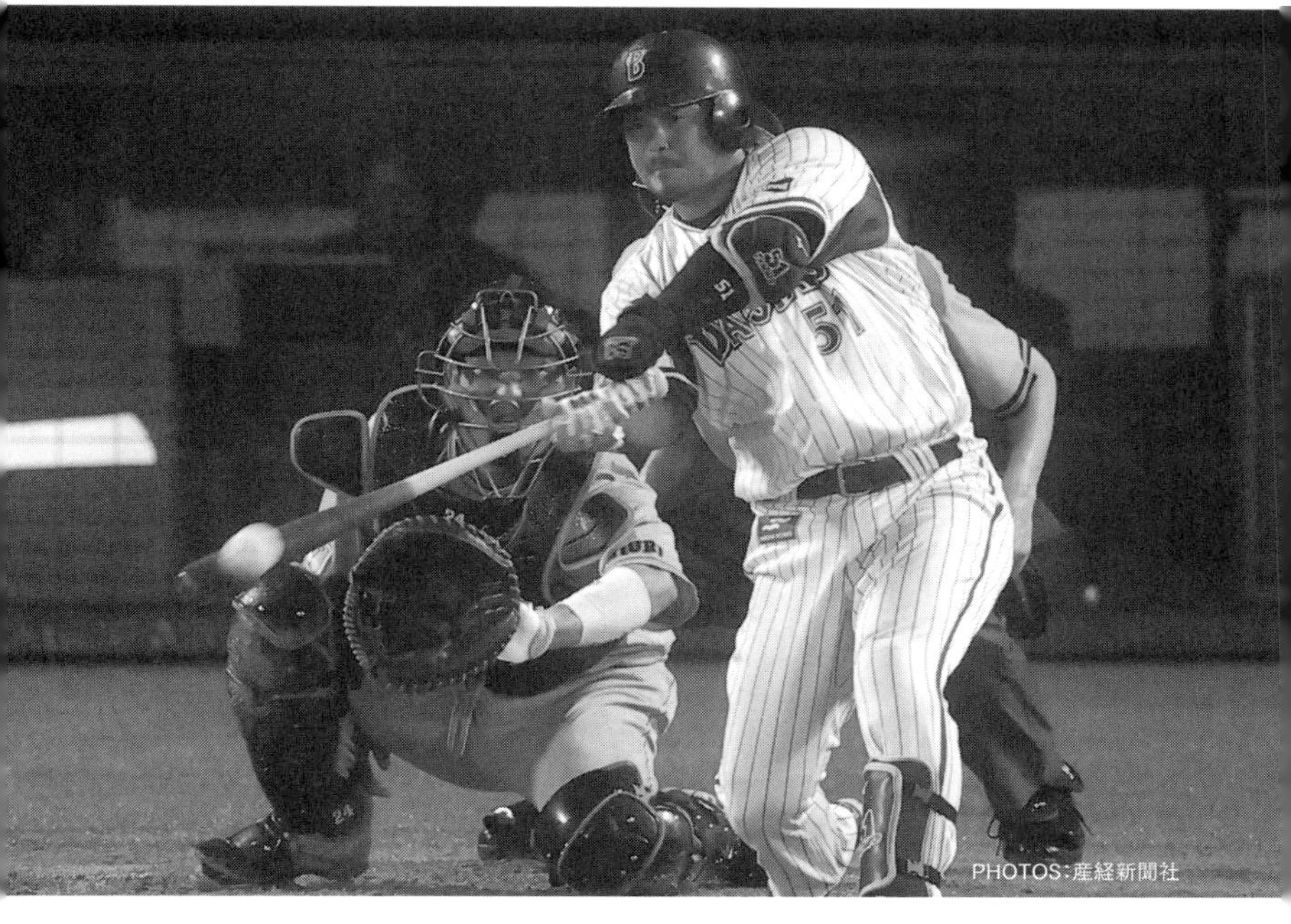

指導者が語る
アマチュア時代

完成されていた独特な打撃フォーム やっぱり最後は取り組む姿勢や人間性が大事

壁總《かべふさ》 勲《いさお》さん
唐津スカイヤーズ元監督

県内唯一の硬式チームに小6で入団

「2000年の九州大会に出た時に敏郎君が入部してきたのは覚えています。6年生でしたけど、身長はやっぱり小さかったですね。他の選手よりも頭半分くらい低くて、大きい子と比べると肩までくらいだった感じでしたね」

壁總さんは宮﨑選手のお父さんとは同級生。だから今も宮﨑選手を「敏郎君」と呼ぶ。体が小さく、性格もおとなしい。ただ物怖じしない面もあったと当時を振り返る。

「おとなしいけど、しっかりしているタイプでしたね。これくらいの年代の子どもは自分

後列左が壁總さん。前列右から2人目が宮﨑選手。（壁總氏提供）

が試合に出ていないとボールとかをいじったりするんですけど、敏郎君の場合はしっかり集中して試合を見ていた印象があります。勉強についても、チーム全体でそんなに口うるさく言ったことはなくて、宿題をちゃんとやって時間を守るようにという程度だったんですけど、それもしっかりやっていたと思います」

入部は遅かったものの、他の選手と比べてプレーの面で劣っていることはまったくなかったという。

「入ってくる前に野球で遊んだり、しっかり家で練習していたと思いますね。あとは同じ学区内で先に入っていた子どもが10人くらいいたこともあって、すんなり溶け込めたというのもあると思います」

小学校で硬式のクラブチームというのは今でもそれほど多くはない。だからこそ苦労したこともあったと壁總さんは話す。

「中学なら硬式のチームがいっぱいありましたけど、当時小学部があったのは県内でもスカイヤーズだけでした。何が大変だったかというと試合相手がいないことです。だから練習試合で長崎、福岡、熊本まで行くことがありました。せっかくチームに入ったのに、なかなか試合ができなくて、練習ばかりだったのはちょっとかわいそうだったかもしれません」

試合をする相手が近くにいないだけではなく、練習場所の確保にも苦労したという。

「硬式球での練習が許可されているグラウンドも少なかったですから、平日は17時くらいに仕事を終えた私が、マイクロバスに子どもたちを乗せて、山の上のほうにある球場まで30分くらいかけて行っていました。そこもナイター設備がないから長くは練習できません。もっと試合も練習も満足にさせてあげられれば良かったのですが……そんなことを今でも思いますね」

直さなかった独特の打撃フォーム

硬式のクラブチームというとかなり厳しい練習をしている印象を受けるかもしれないが、決してそんなことはなかった。壁總さん自身も本格的な野球の経験はなく、自身の子どもが入部したことをきっかけに監督を頼まれ、務めた期間も長くはなかった。ただ、そんな環境と指導者だったことが、宮﨑選手にとってプラスとなったこともあったようだ。

「入部してしばらく敏郎君を見ていると、やっぱりセンスがあるんですよね。これは大事にしないといけないなと思いました。ボールをさばく動きも様になっていましたし、投げ方も体に負担がかからないような形ができていた。硬式のボールなのでどうしても負担が大きくて怪我をしやすいと言われるんですけど、敏郎君は投げ方も良かったので怪我をすることもなかったですね」

打順は3番か5番。守備はサードとショート、たまにマウンドに上がることもあった。足も決して遅くはなかった。

「バッティングは『よくその打ち方で内角に対応できるな』と思って見ていました。やっぱりバットに当てるのが上手かったですね。だから投げ方も打ち方もこちらから何か言ったことはありません」

宮崎選手の独特なバッティングフォームは、「この頃にほぼ完成していて今とそんなに変わっていないんです」と本人が話すように、スカイヤーズの小学部時代にほぼ完成されていた。

投げるにしても打つにしても、ある程度の基本の形がある。その基本から大きく外れていると、どうしても基本通りのフォームに直したくなる指導者も多い。豊富な野球経験と知識があればなおさらだ。しかし、本格的な野球経験のなかった壁總さんは、小学生にして独特なそのフォームを直さなかった。直せなかったと言ってもいいのかもしれない。

「今、ベイスターズでプレーしている姿を見ていても、打ち方なんか小学生の時とまったく変わってないんですよ。きれいに内角を打ちますよね。本当にあんな感じで打っていました。スカイヤーズでプレーしていた時の形のままでプロ野球でも活躍しているから、余計嬉しいですよね（笑）」

あの時、壁總さんがスイングを矯正していたら、その後の首位打者は誕生していなかったかもしれない。そういう点においては、壁總さんのもとでプレーできたことは宮﨑選手には幸運だったと言えそうだ。

野球に対して一切手を抜かない

「敏郎君に限らず、自分はとにかく怪我をさせないようにということを、一番気をつけていました。プレーについては、守備で簡単に捕れる打球は横着してワンハンドキャッチするんじゃなくて、丁寧にしっかり捕りなさいと言ったくらいです。今でも守備は丁寧ですよね」

そう話す壁總さんは決して、プロ野球選手・宮﨑敏郎を育てたのは自分であるかのような言動はしない。逆に「中学部の監督の指導が良かったから」と謙虚に話す。

「残念ながら若くして亡くなってしまったんですけど、川添さんという監督がいたんです。中学部も同じグラウンドで練習するので、敏郎君たちが中学部に行った後もよく練習を見ていました」

川添さんは、ボールを投げるのに必要な筋肉、打つのに必要な筋肉、走るのに必要な筋肉はそれぞれどこかということを選手たちによく話していたという。

「(打つ、投げるの)形よりも、投げる、打つ、走る、を良くするにはどこを鍛えればいいかということを教えていました。敏郎君はそれを真面目に聞いて、しっかり取り組んでいったから、あそこまでになったんだと思いますね」

体は小さかったものの小学時代からセンスがあり、中学ではしっかり体を鍛えたことでその才能が開花した宮﨑選手。しかし、当時はプロ野球選手になるとまでは壁總さんも思っていなかったようだ。

「正直、敏郎君がプロ野球選手になるというイメージはなかったです(笑)。ただ、今にして思えば、野球に対しては常に一生懸命だったというのはありましたね。打つだけではなくて、投げることも、守ることも、走ることも手を抜くことなく、しっかり取り組んでいたと思います。野球に対してはとにかく真面目でした」

人に恵まれたことも大きかったのではないかと壁總さんは話す。

「中学の時の川添さんもそうですし、高校、大学に行っても監督が敏郎君を見込んで使ってくれた。社会人に進む時はなかなか話がなかったみたいですけど、大学の監督がそれでも推薦しようと思ったのは、そういう野球に対する姿勢があったからじゃないですかね。プロでもそうですよね。いいタイミングでラミレス監督（当時）になって使ってくれた。本人の頑張りももちろんありますけど、そういう指導者に巡り合えたことは幸運だったと思いますよ」

落合の影響が見えた？ 当時のバッティング

壁總さんには「敏郎君」を叱ったという記憶もない。

「スパイクのかかとを踏んでいたり、時間を守るといったことには子どもたちに厳しく言いましたけど、敏郎君はそんなことはなかったですから」

野球に関してもそこまで厳しく指導するようなチームでもなく「近所の子どもたちが集まって、ワイワイ言いながらやっていた感じ」だったと言う。

伸び伸びと野球に打ち込んだ宮﨑選手は、小学時代からバッティングで試行錯誤を重ねていたという。

「内角打ちが上手かっただけでなくて、右中間にも速い打球を打っていましたね。でもこちらから『右中間を狙って打ってみなさい』などと言ったことはなくて、自分で考えてやっていたんだと思います」

そんな宮﨑選手のバッティングを、「落合（博満）のバッティングを意識していたのではないか」と振り返る。

「何となく似ていますよね？　落合さんも〝オレ流〟ってよく言われていましたけど、敏郎君もそういう自分で自分の形を作っていくタイプだったと思います。敏郎君を見ていると、やっぱり最後は取り組む姿勢や人間性が大事なんだなと。怪我をしないようにということはこちらも心掛けていましたけど、本人もしっかりケアをしていたと思います。体の大きさよりもそっちのほうが大事なんじゃないですかね」

落合もまた、決して大柄ではなく、そしてケガの少ない選手だった。そのあたりも現在の宮﨑選手と重ねて見ているのかもしれない。

最後は宮﨑選手へのメッセージで締めたい。

「もう野球の指導から離れて長いですけど、敏郎君が活躍しているのを見るのは本当に嬉しいですね。たいしたことは言えませんけど、とにかく怪我なくプレーしてもらいたいということですかね。あとは小さいうちからコツコツやってここまでになった選手だと思いますから、そのことを忘れずに、最後まで悔いのないようにプレーしてほしいですね。これからも活躍を楽しみにしています」

（取材：西尾典文）

東京ヤクルトスワローズ

小川泰弘

(身長171cm) 1990年5月16日　右投右打

赤羽根スポーツ少年団▶田原市立赤羽根中学校▶愛知県立成章高校▶創価大学▶東京ヤクルトスワローズ

「この身長だから
より一層頑張らないといけない」

成章高校では21世紀枠で出場したセンバツ大会で勝利。創価大で不動のエースとなり、ドラフト2位で入団したヤクルトでは1年目からいきなり最多勝を獲得するなど、長く投手陣の柱として活躍している小川泰弘投手。「小さいからこそ、自分の性格も負けず嫌いになった」と話す小川投手のこれまでの野球ヒストリーを振り返る。

OPEN
HOUSE

「投げる」遊びが多かった幼少期

幼い頃から父とよくキャッチボールをしていて、保育園の時からプロ野球選手になりたいという夢を持っていました。自然が多いところで育ったので、石投げをしたり、ドッジボールをしたり、外でいろいろな「投げる」遊びをすることが多かったですね。

チームに入ったのは小学3年生の時。家族は誰も野球をやっていなかったですし、特に誰かの影響を受けて野球を始めたということはなかったのですが、「赤羽根スポーツ少年団」という地元のチームで野球を始めました。

入団当初のポジションはライト。投げるのが得意で、ライトからサードへの返球や、ファーストに投げてライトゴロにするのが楽しかったことを今でも覚えていますね。そういう返球が良かったからだと思うのですが、4年生の後半に監督からピッチャーもやるように言われて、5年生からは主にピッチャーとショートでプレーしました。

今にして思えば、小さい頃から「投げる」遊びをしていたことが野球にプラスになったのかもしれませんね。(チームとして) バントや盗塁、ヒットエンドランとか、足を使った攻撃はよくやっていた記憶がありますけど、監督から、「小さいんだからこうしろ」みたいな指示とか、強要はされたことはなかったです。当時は野球以外にも学校の部活で陸上や水泳、バスケットボールなど、他のスポーツもやっていました。

自分の身長をどう生かして勝負するか

小学6年生の時の身長は155センチくらいでした。自分のいたチームはみんな150センチ台の選手ばかりで、豆粒みたいだと言われていました(笑)。真ん中くらいでしたけど、背が低くて野球で苦労したことはなかったですね。ただ、背が大きくないというのは分かっていたので、牛乳をたくさん飲んでいた記憶はあります。

小学校の頃はとにかく練習量が多くて、野球人生の中でも一番きつかったなと思うくらいでした。平日も学校が終わってから毎日17時半から21時くらいまでナイター練習をして、特に6年生になってからは相当練習した記憶があります。小学生のチームで毎日夜に練習しているというのは、かなり珍しいですよね。今はそこまでやっているとは聞かないですけど。

田舎のチームでしたけど、6年生の時はエースで4番・キャプテンでしたから、「自分がやらないといけない」という気持ちでしたね。でも、先ほども話した通り、かなり練習量が多かったので、逃げ出したくなる時期もありました。それでもチームメイトのおかげで何とか続けることができました。

中学では、小学校時代のチームメイト達と一緒に地元の赤羽根中学校の軟式野球部に入部しました。近くに硬式チームもなかったですし、豊橋とか名古屋まで行けばあったと思いますけど、硬式をやるために遠くまで行って野球をやるという発想もありませんでしたし。

ポジションも変わらずピッチャーとショートの兼任。3年生の時は県大会で3位になりました。ずっと一緒にやってきた仲間と頑張って良い結果を残せたことは、今でも良い思い出です。

身長は中学時代が一番伸びて、3年生の頃には167センチくらい。高校ではあまり伸びなくて、1年生の時に成長が止まって今の身長(171センチ)くらいに落ち着きました。

PHOTOS：産経新聞社

この頃は、自分の身長をどう生かして勝負するか、どうやって力をつけるかを考えていました。「大きい選手には負けたくない！」という気持ちも強かったですね。

大きな自信になったセンバツの経験

「甲子園」もそこまで強く意識していませんでした。それよりも「地元で野球をやりたい」という気持ちが強くて、その中でも、それなりに強くて歴史もある学校ということで県立の成章高校を選びました。私立の強豪校から声も掛かっていませんでしたしね（笑）。

高校ではボールが硬式に変わって最初は少し感覚が違いましたけど、投げることに関しては比較的すぐ慣れました。1年生の時はショートとピッチャーをやっていて、2年生からピッチャー専任に。ショートとしてのゴロ捕球はヘタクソでしたけど、送球には自信を持っていました。小学校から高校まで、投げることに関してはずっと苦労したことはないんですよね。

高校の時に大きかったのは、やっぱりセンバツに出たことですね。人生で初めての全国大会でしたし、あれだけの大舞台で地元の方の応援を受けてプレーできたことはすごく嬉しかったです。自分が1球投げるごとに大声援が飛ぶというのはあの時が初めてです。

対戦相手も、出場校の中で秋の大会のチーム打率が一番高い、全国レベルの駒大岩見沢（北海道）だったのですが、そんな強いチームに勝てたことは自信になりました。「田舎っぺでもなんとかなるじゃん！」「やり方次第でなんとかなるじゃん！」という自信を持てました。

だから2回戦で平安に負けたのは本当に悔しかった。地元に戻ってからは「夏にまた甲子園に戻るぞ！」という思いで、野球に取り組むことができました。

プロへの道を開いた、地道な積み重ね

高校の時も、将来はプロでやりたいという気持ちはありました。現実的にプロが見えていたわけではなく、あくまで先々の目標という感じでしたけどね。周りから「無理だろ」みたいな声もありましたけど、自分で諦めようと思ったことはないですし、そういった声

PHOTOS:産経新聞社

には「絶対に見返してやる！」という気持ちが強かったです。両親もずっとサポートしてくれて、応援してくれていましたし。

大学は、センバツでのピッチングを岸監督（当時）が見ていただいていたこともあって、創価大に決まりました。もしセンバツに出ていなかったら、たぶん愛知県内の大学で野球を続けていたと思います。そういう意味では、甲子園がきっかけで世界が広がったといえるかもしれません。

大学でも早くから投げさせてもらっていましたが、入学当初はランニングメニューについていくのが大変で、毎日胃が痛むというか、やっていけるのか不安に思う時期もありましたね。大きなきっかけになったのは1年秋のリーグ戦後に行われた関東地区大学野球選手権です。当時のエースの方の故障で自分に登板が回ってきて、東海大の菅野（智之・現巨人）さんと投げ合って、完封勝利することができたんです。このことが、大学で野球をやっていくことの自信になりました。

その後も地道に勝利を積み重ねていくことで、その自信が徐々に大きくなっていったと思います。最終的にはリーグ戦で通算36勝（3敗）という結果を残すことができましたけど、慢心とか、勝って当たり前みたいな気持ちはなくて、常にしっかり準備をして臨むことを考えていました。キツかったランニングもそうですけど、何事も地道に積み重ねていくことでクリアしていった、そんな大学4年間でした。

工夫次第でいくらでも力をつけることはできる

振り返ってみても、身長に関しては野球をやるうえでそれほどハンデだと思ったことはありません。大学のコーチに「(もう少し)身長があったらもっとすごいピッチャーになったかもね」と言われたことはありますけど、「大きい選手には負けたくない!」という気持ちはずっと持ち続けていましたし、この身長だからより一層頑張らないといけないと思って取り組むことができたので、結果としてこの身長で良かったです。だから、ビジュアル的に183センチくらい欲しかったなと思うことはあっても、野球に関しては「もっと身長があったら……」とは思わないですね。

身長は自分ではどうしようもできない部分ですから、それについてあれこれ考えるのではなくて、与えられたものをどう生かすかのほうが大事。むしろ小さいからこそ、自分の性格も負けず嫌いになったのかなと。

なかなか身長が伸びなかったり、身長が低くて悩んでいる野球少年もいるかもしれませんけど、野球は身長でやるものではありません。工夫次第でいくらでも力をつけることはできますし、道は必ず開けてくると思います。だから体が小さいからといって悲観することなく、いろいろと考えながら取り組んでもらいたいですね。

自分も良い時も悪い時もありますし、若い時に比べると少し回復力は落ちてきていますけど、工夫しながら取り組んでいくというのは当然続けていかなければなりません。

プロの舞台で投げられることに喜びを感じながら、まだまだ現役選手として頑張りたいですし、応援してくれる人や見ている子どもたちにも勇気を与えられるように投げ続けていきたいと思います。

［プロフィール］

小川泰弘（おがわ・やすひろ）

愛知県渥美郡赤羽根町（現田原市）出身。赤羽根町立赤羽中学校（現田原市立赤羽中学校）時代は軟式野球部に所属し、エースとして活躍。愛知県立成章高校では3年春に21世紀枠として選抜高校野球大会に出場。駒大岩見沢を破り1勝を挙げた。創価大進学後は1年秋から主戦投手となり、リーグ戦通算36勝をマークし、5度のシーズンMVPを受賞。2012年のドラフト2位でヤクルトに入団すると、1年目から16勝を挙げて最多勝、最高勝率、新人王に輝いた。その後もチームの先発の柱として活躍。プロ通算229試合登板、92勝73敗、防御率3・59（2022年シーズン終了時点）。

PHOTOS：産経新聞社

身長をあれこれ考えるのではなく、与えられたものをどう生かすかのほうが大事

指導者が語る
アマチュア時代

総合的にナンバーワン 小さな大投手は、『心』が特に理想形

岸《きし》 雅司《まさし》 監督
創価大学前監督

読書家ゆえに出会った投法

岸さんが小川投手を初めて観たのは高校3年の春。愛知県立の進学校・成章高校のエースとして21世紀枠でセンバツ甲子園に出場していた時だ。テレビ越しで岸さんは度胸の良さと冷静さに惹かれた。強豪・平安の打線に対して果敢にインコースを突いていく姿、表情を変えずに黙々と投げていく姿、これらを見て「プロに行くような投手ではないけど、実戦向き」と判断し勧誘。創価大に進学することが決まった。

小川投手の身長は気にならなかったのだろうか？

「体の小ささは気にはなりませんでした。プロということは考えずに『大学レベル』ということで考えた時に即戦力だと思いました。逆に体の大きな投手は完成までに時間がかかりますし、小川にはマウンド度胸にクレバーさを感じましたから」

そこから岸さんの想像を上回るスピードで小川投手は頭角を現していく。

小川投手の入学当時、4年生には大塚豊投手（元日本ハム）という23連勝のリーグ新記録を含む通算41勝1敗の圧倒的な成績を残した大エースがいた。だが、4年時は右肘の状態が思わしくなく、そこで台頭してきたのが小川投手だった。

夏のオープン戦の東洋大戦で大塚が不調。その時、佐藤康弘投手コーチ（現監督）の推薦で1年生の小川投手を登板させると好投。これで信頼を掴み、秋の関東地区大学野球選手権では菅野智之（当時東海大2年・現巨人）との投げ合いを制し、明治神宮大会出場に貢献した。

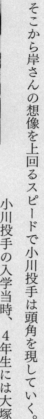

ここからチームのエースとして大活躍を遂げていき、リーグ戦通算36勝3敗、防御率は0・60という驚異的な成績で圧倒していくことになる。

現在の〝ライアン投法〟が生まれたのは、3年の春が終わってからだ。この春のリーグ戦で創価大は後に全日本大学野球選手権初出場で4強まで一気に駆け上がる東京国際大に開幕週で連敗を喫し、優勝を逃した。その1回戦に先発、2回戦に中継ぎで登板したが、ともに勝ち星を挙げることができなかった。

その悔しさをチーム全体が持って秋季リーグに向けて練習に取り組んでいた最中、岸さんは小川の異変に気づく。

「特に小川は悔しくて仕方なかった。1回戦は0対1、2回戦はサヨナラ負けでしたからね。すると、7月だったかな。紅白戦を観ていたら〝あれ？　小川の足がすごく上がり出したぞ〟って」

その時、小川投手が出会ったのが、ＭＬＢの伝説的名投手であるノーラン・ライアンが書いた『ピッチャーズバイブル』。これをヒントに左足を高く上げる現在の投法を習得した。この投法を取り入れてからはリーグ戦では1度も負けず、3年秋は72回3分の1を投げて自責点わずかに1点、8勝0敗防御率0・12という圧巻の投球を見せた。

「足を上げるだけなら誰でもできるけど、あの下ろし方は独特。下半身の強さと心の安定がないと絶対できない。なかなか足が着かないことに打者は戸惑ったし、ボールのキレも格段に上がりましたね。そこからは小川を投げさせたら、負ける気がしなかった」

しかし、なぜその理論に行き着いたのか。それは月に3、4冊の本を読む読書家だったことが大きかったはずだと岸さんは言う。

「小川が4年生の時に、交流のあった台湾の中国文化大学に親善試合を頼まれ、現地に行くことになった。その時、羽田空港で自由時間が1時間くらいあったんです。海外に行くことが初めてという選手もいたし、珍しさもあってみんなは売店とかに行っていた。でも小川だけはひとり、待合スペースで小説を読んでいるわけ。この子は違うなって思いましたね。だからライアンのバイブルにも自然と出会ったんでしょう」

創価大硬式野球部では部員の野球日記を監督がコメントを入れて返す伝統がある。そこで岸さんは小川投手によく「小さな大投手になれ」と書いたという。だんだんと成長を続ける中で、「3年生の頃からは〝なって欲しい〟じゃなくて〝なれるんじゃないか〟と私の心も変わっていきました」と振り返る。

「城久坂（グラウンド横にある100メートルほどの坂）を一番走ったのも小川だね」というトレーニングの成果で体に厚みも出てきて、「この頃から体が小さく見えなくなっていきました」とも語る。悔しさを糧にさらに成長速度を上げたのだった。

自在の心、素直な心、不動の心

プロ入り時に岸さんは「10年で100勝を目指せ」とハッパをかけた。ただ内心は「厳しいだろうな」という気持ちがあったという。公称171センチとプロ野球の投手の中ではひときわ小さい身長でやっていけるのか、不安がないと言えば嘘だった。

だがそれは杞憂だった。1年目に16勝4敗と球界を席巻する成績を残し、最多勝、最高勝率、新人王を獲得すると、以降も毎年先発ローテーションを守り続けて、結果として10年間で92勝。チームの低迷期があったことを考えれば、岸さんが伝えた目標をほぼ達成していると言ってもいいほどの白星を積み上げてきた。

さらに2022年は中心投手・選手会長として8勝を挙げセ・リーグ2連覇に大きく貢献した。

岸さんは小川投手の強みを「自在の心」を持っていることだと語る。

2020年8月に小川投手はノーヒットノーランを達成したが、その時の心境を後日尋ねると「味方の選手たちも敵だと思って投げました」と答えたのだという。もちろん普段はチームメイトのバックアップに感謝している。だがこの時はあえて、そうした心持ちでプレッシャーを乗り切ったのだ。

「そう思っていたら味方がエラーしても動揺しないし、好プレーをしてくれたら〝ありがとう〟という気持ちを持てるからだそうです。普段は仲間に感謝しながらも、場面によっていろんな心を持つことができるって、なかなかできないですよね」

「素直な心」も小川投手の武器だと岸さんは語る。今年、印象的なやり取りが二つあった。

シーズン中にあまりにもバントが不得意な姿を見かねて、岸さんは珍しく技術的助言を授けた。

「(教え子とはいえ) プロ野球選手ですから、私から技術的なことを何か言うことはほとんど無かったんです。でも、あまりにも失敗するんでね (笑)。だからLINEで〝バットを高い位置から下ろすようにしてみたら?〟〝もっとリラックスするよう足を使ったらどうだ〟と言ったんです。そしたらその通りにやるようになったんです」

この小川投手の高い吸収力について岸さんは「素直で賢くて心が綺麗なんですよ。常に周りに感謝しているし、だから言葉がスッと入っていくんでしょう」と称賛を惜しまない。そうした姿勢があるからこそストイックに自分と向き合いながらも、周りとの協調や信頼が必要な選手会長も務めることができ、優勝に導く原動力のひ

とりにもなれるのだろう。

そしてもうひとつが「不動の心」だ。大学時代、ピンチの場面になると監督の岸さんがマウンドに向かう。

岸さん「頼むな」

小川投手「任せてください」

この二言で終わることが多かったという。普通の投手は「はい」と返すところを「任せてください」と返して、その通りの好投を見せることばかりだった。

「常に安定した気持ちを持っていた。〝不動心〟が大切とよく言うけれど、実際にやるのは大変なこと。それだけの努力をしてきているからでしょうね。ピンチになるとベンチを見たり、ピンチを脱するとニヤリと笑ったりする投手もいるなか、小川は常に同じ表情で、キョロキョロすることは今も昔もまったくありませんよ」

桜梅桃李

２０２３年はプロ11年目を迎え、ベテランの域に入ってくるが、岸さんは「今のスタイルを貫いていってほしいですね」と願う。

小川投手のスタイル、それは「ここぞで粘れる投手」だ。それには心の強さが必要で、誰よりも努力しているからこそ得られるものだ。そんな彼の姿勢は卒業後の大学でも生き続けており、石川柊太（ソフトバンク）ら、小川投手以後にはこれまで以上に多くの好投手が育ったこともその証左だろう。

また、指導者としても岸さんは、小川投手からあらためて大切なことを学んだと言い、未来を担う指導者や選手たちにもこう提言する。

「やっぱり大事なことは桜梅桃李（おうばいとうり）。桜や梅、桃や李（すもも）それぞれの良さがあって、どれも代わりにはなれないという意味なのですが、野球選手においてもそれは同じなんです。体の大きい人には大きい人なりの良さがあり、小さい人には小さい人なりの良さがある。誰かを羨ましく見る必要なんてありません。自分らしく個性を輝かせながらベストを尽くせば成功できるということを、小川は示してくれています」

自らの体を動かすのは心だ。「心で勝て　次に技で勝て　故に　練習は実戦　実戦は練習」という創価大の創立者でもある池田大作名誉会長の言葉がグラウンド横にある石碑に刻まれているが、小川投手はそれをまさに体現している。そんな姿は、岸さんを、後輩部員たちを、そして多くの選手やファン、野球少年・少女に大きな力を与えてくれている。

最後に小川投手へメッセージをお願いした。

「大学時代から私が彼の野球ノートに書いていた『小さな大投手に』という言葉に加えて、これからも私がずっと大事にしてきた『人間野球』の体現者であり続けてほしい。

つまり、『野球だけできれば良い』という野球人間ではなく、野球や生き方を通して『あの人のようになりたい』と共感してもらえる人間であり続けてほしいと願っています」

（取材：高木遊）

オリックス・バファローズ

宮城大弥

(身長171cm) 2001年8月25日　左投左打

志真志ドラゴンズ▶宜野湾ポニーズ▶興南高校
▶オリックス・バファローズ

「自分に合った体の使い方を見つける」

佐々木朗希（ロッテ・身長190cm）、奥川恭伸（ヤクルト・身長183cm）が注目を集めた2019年のドラフト会議。171cmの宮城大弥投手は、オリックスの“外れ、外れの1位”指名だった。しかし2年目に新人王を獲得し、ここまで通算25勝を挙げるなど彼等を上回る成績を残している。そんな宮城投手は身長が止まった中学3年の頃から、プロを本気で考えるようになったという。

PHOTOS：産経新聞社

怒られることで芽生えた「反骨心」

野球を始めたのは4歳の時です。

家の近所を歩いていたら、小学生が楽しそうに野球をしている声が聞こえてきて、「ぼくもやってみたい」と思ったのがきっかけです。それが、たまたま野球だっただけで、ほかのスポーツを見ていたら、違うことをやっていたかもしれません。

ポジションはピッチャーと内野手、打順は1番や3番が多かったです。

今は左投げですが、小学3年生ぐらいまでは両投げ。そこから左ヒジを少し痛めたこともあって、中学1年生までは右投げで内野手をやっていました。この話をすると驚かれるんですけど、ほかにも両投げで普通に投げている友達がいたので、特別な感じには思わなかったです。沖縄は器用な子が多いのでしょうか？（笑）。

ぼく自身の投げる能力がどこで身についたかはわかりません。小さい頃は習い事はやっていなくて、ずっと野球だけ。キャッチボールでもピッチングでもたくさん投げていました。きっと投げる中で自然に養われたんでしょうね。

地元の軟式野球チーム「志真志ドラゴンズ」は結構指導が厳しくて、ぼくも監督によく怒られました。小学1年から、上級生と一緒のチームで練習していたこともあって、何かミスをすると怒られる。正直、練習は行きたくなかったですね。

なぜ、辞めなかったのか……。それは両親のほうが、監督より怖かったから（笑）。

3、4年生の頃にこんなことがありました。練習中、監督に怒られて、「帰れ！」と言われたことがあって、そのままこっそり帰ったんです。いつもより早く帰宅したので、両親に「なんでこんなに早く帰ってきたの？」と聞かれて、理由を説明したら、そこでまた怒られ……。どっちも怖いんですけど、監督に怒られるほうがまだいいかなと、その時に実感しました。

最近は「褒めて伸ばす」という指導が多いと聞きます。褒められて伸びるタイプと、怒られて伸びるタイプがいると思いますが、ぼくの場合は怒られることで「ナニクソ！」「結果で見返してやる！」という気持ちが起こるほうでした。少年野球の監督も、試合でいいピッチングをすると褒めてくれたので、それは嬉しかったです。褒められることも怒られることも、どっちも必要ですね。ぼくの性格をわかってくれていたのかもしれません。

ぼくは、小さい頃から負けず嫌い。「一番になりたい」「エースになりたい」という思いは強くありました。その気持ちがあったから、どれだけ怒られても、頑張れた気がします。野球に関しては目立ちたがり屋だったことも、関係しているかもしれません。

あと、怒られることが多くても、「野球が好き」「体を動かすのが楽しい」という気持ちは常にありました。そこは、大前提にあります。そもそも、怒られるために練習に行っているわけではないので……。打つ、投げる、走ることは楽しい。

「自分がミスをしなければ怒られることはない」と、練習に入る時はそう自信を持って臨むようにしていました。それでも、どうしてもミスは出るので、怒られるんですけどね。

プロを本気で考え始めた中学時代

中学は、硬式野球チームの「宜野湾ポニーズ」に入団しました。いずれ高校で硬式野球をやるのなら、少しでも早いうちからボールに慣れておきたい、それが理由です。

「まだ体が小さいうちは軟式がいい」という話もあるみたいですけど、あまり気にせず自

オリックス・バファローズ｜宮城大弥

PHOTOS：産経新聞社

分がやりたいと思う道を選ぶほうが伸びやすいのかなと。「あっちを選んでおけばよかったな」と後悔するよりは、自分が好きな道を進んだほうがよいのではないでしょうか。

宜野湾ポニーズでは平日も2時間の練習があり、17時から19時までやっていました。それでも、小学校の時よりは練習時間が短かったので、楽しくできた思い出があります。

自宅での自主練習はほとんどやっていなかったです。練習場所が自宅から自転車で20～30分かかる距離にあったので、その往復で「元を取れているかな」「トレーニングの代わりになっているかな」と勝手にプラスに捉えていました。

プロを本気で考えるようになったのは、中学生のこの頃からですね。

野球がめっちゃ好きだったので、その野球を何年も続けていくには、プロになるのが一番いい。自分でお金を稼いで頑張っていこうかなと考えるようになりました。宜野湾でやっていたベイスターズのキャンプを観に行ったこともあります。子どもの頃から思っていたことですが、プロ野球選手はめちゃくちゃかっこいいですよね。

1センチだけ盛った侍ジャパンのプロフィール

実は身長は、小学校の頃は大きいほうでした。中学に上がる頃に165センチぐらいあって、2年生までは順調に伸びていたんです。背の順も後ろのほうで、オラオラやっていた記憶があります（笑）。180センチぐらいまでいくと思っていたんですけど、中学3年生ぐらいで止まってしまいました。周りの友達にどんどん抜かれて、みんなの顔を見上げるようになって、「今はちょっと抑えているだけ」と強がっていましたね（笑）。

給食時に、クラスメイトから牛乳をもらって飲んだこともあったんですけど、意味はなかったみたいです。高校に入ってからは、骨を伸ばすようなサプリメントも飲み始めましたけど、ぼくには合っていなかったのか、効果がなかったので、すぐにやめました。

今の身長は171センチです。高校入学からほとんど変わっていません。2019年に侍ジャパンU18代表に選ばれた際のプロフィールには、172センチと書いてあるんですけど、1センチだけ盛りました。すみません（笑）。プロ野球へのアピールを考えると、少しでも背が高い人のほうが有利なのかなと考えていたんです。

PHOTOS：産経新聞社

今の身長の中で、
大きな人にはない特徴を出すことを考えてほしい

U18では佐々木朗希と一緒でしたけど、ぼくがずっと上を向いている感じでした。正直、羨ましい。ぼくもあのぐらいの身長があったら、豪速球を投げられたのかなと、気持ち的には思います。

身長が止まってからは、体のキレを意識するようになりました。大きい人に比べると、小回りは利きやすいんですよね。高校時代は、松井裕樹さん（楽天）のフォームを参考にしながら、体の使い方を考えていました。

プロに行くことを考えると、球速は絶対にほしかったので、コントロールを気にするのではなく、思い切り腕を振る中でコントロールをつける練習をよくやっていました。

高校のトレーニングは30メートル、50メートル、１００メートルなど、短距離系のダッシュが中心。いずれかのメニューを1日10本ぐらい走っていました。当時は指導者にやらされている感じもあったんですけど、振り返ると自分の力にプラスになっているので、きついながらもやっていてよかったです。

「身長が止まれば、ウエイトトレーニングに力を入れてもいい」という話も聞きますが、高校時代はウエイトトレーニングはやっていませんでした。高校までは技術と体のキレを求めていて、プロに入ってから本格的に取り組むようになりました。

グラブが溶けた電子レンジ事件

宮城家は経済的に厳しい家庭で、小学校、中学校、高校と、毎月の部費の支払いが遅れるときもありました。正直、その頃はあまり感じていなかったんですけど、大人になって自分でお金を稼ぐようになってから、その感覚がわかるようになりました。野球用具や遠征にどのぐらいのお金がかかり、生活するだけでもそれなりのお金が必要になる。本当に両親には感謝しています。

ただ変な言い方ですけど、お金のことがよくわからなかった分、子どもの頃はそういう家庭の状況をほとんど気にしていませんでした。ほかの家庭を羨むこともありましたけど、「うちはなんでこんなに……」と思ったことは一度もないです。めっちゃわがままな言い方かもしれないですけど、遠慮せずに、野球をやらせてもらえたのかなと思っています。

小学時代は革のグラブもなかなか買ってもらえなくて、1年生の時はビニール製のグラブを使っていました。今でも覚えているのが、お父さんが「電子レンジで温めると、グラブが柔らかくなるらしい」とどこからか聞いてきて、レンジでチンしたことです。何分温めたかわからないですけど、部屋中が焦げ臭くなって、グラブが溶けた形で出てきました（笑）。さすがに、泣きました。今でこそ笑い話ですけど、当時はショックでした。

自転車もなかなか買ってもらえなかったので、小学校のグラウンドまでは雨の日でも片道5キロを走っていました。「車で送って」とお願いするのも言いづらくて……。それでも、走ったことはピッチングに生きたはずなので、無駄ではなかったですね。

自分に合った体の使い方を見つける

中学生や高校生のうちは、「180センチあったら、もっと速い球を投げられたのかな」と考えることもありました。でも、それだけの身長があると、手足が長く、動きの中でバランスを取るのもたぶん難しい。180センチもないので、本当のところはわからないですけど。

今は171センチの身長の中でベストな体の使い方をして、キレを出せているので、この身長でよかったのかなとも思います。クルッと回って投げるのがぼくの特徴ですけど、背が大きかったらこの投げ方はできていないかも。だから、体が大きければすべてが有利に働くとは、言い切れません。

ぼくのように170センチちょっとで身長が止まってしまった、中学生や高校生はたくさんいるでしょう。体重は努力で増やすことができても、身長はもうどうにもならない。だから、今の身長の中で、大きい人にはない特徴を出すことを考えてほしいです。

それができれば、180センチ、190センチの人にも勝てる可能性がある。大きい人に勝った時には楽しいですし、そこを目指してやっていくことがモチベーションにも繋がるはずです。170センチで150キロのストレートが投げられたら、逆に目立つと思います。

短いダッシュでキレを出したり、全身がスムーズに動くようなトレーニングをしたり、やれることはたくさんあります。

一人ひとり、関節の柔軟性や筋肉の付き方は違うので、「こうやって動かしたほうがいい」

と、ぼくから言うのはなかなか難しいです。ぼくが、山岡泰輔さんや山本由伸さんの投げ方を真似しても、うまくはいかないと思います。

自分の体に合った投げ方や使い方を、いろいろなことを考えて、自分で試してみながら、ぜひ見つけてみてください。

［プロフィール］

宮城大弥（みやぎ・ひろや）

沖縄県宜野湾市出身。4歳で軟式野球チーム「志真志ドラゴンズ」に入団。中学では「宜野湾ポニーズ」に所属し、硬式野球沖縄選抜、侍ジャパンU15代表に選出。興南高校では1、2年の夏に甲子園出場。3年時には佐々木朗希（ロッテ）、奥川恭伸（ヤクルト）、石川昂弥（中日）らと共に侍ジャパンU18代表に選出。同年秋のドラフトではオリックスから1位指名。2022年には2年連続二桁勝利を挙げ、パ・リーグ2連覇と26年ぶりの日本一に大きく貢献した。2021年パ・リーグ新人王。プロ通算50試合、25勝13敗、防御率2・89（2022シーズン終了時点）。

指導者が語る
アマチュア時代

決して手を抜かない性格と、『野球で成功してやる！』という反骨心が際立っていた

知名朝雄《ちなあきお》さん
宜野湾ポニーズ総監督

中学3年間、練習は1日も休まなかった

「入部してきた時から、1年生としては走攻守の三拍子が揃った選手だなという印象でした。投げてよし、打ってよし、走ってよしで、同じ学年の中でもずば抜けたものがありました」

宮城投手といえば、「実は右でも投げられる」という話が有名だ。

「左肘を怪我していて、1年生の時はセンターはじめ外野中心でしたね。怪我がしっかり治るまではピッチングはやらせなかったんです。ただ『右でも投げられます！』というので、投げさせてみたらその当時でも110キロ以上のスピードは出ていて、驚かされまし

興南高校進学後にチームを訪れた宮城投手。（前方左端／知名氏提供）

た。投げることに関するセンスが高かったですよ。ピッチャーとして投げたのは左肘が治った後、1年生大会で1試合投げただけだったと思います」

怪我をしながらも、1年生の頃から上級生に負けないパフォーマンスを見せていたという宮城投手。そしてプレーだけでなく、野球に取り組む姿勢の部分でも際立ったものがあったと知名総監督は話す。

「私の記憶の限りでは、大弥は1回も練習を休んだことがなかったです。平日も学校が終わった後の17時から日没までの2時間くらいは練習をするんですけど、自転車で5キロ以上ある道のりを毎日通っていました。3年生でも何かと理由をつけて休む選手がいるんですけど、大弥は1年生から

3年生までずっと休まなかった。やっぱりそれだけ野球が好きだったんじゃないですかね。性格的には比較的おとなしいタイプで、下級生の頃は上級生に引っ張ってもらっているという感じでしたけど、最上級生になった時には口ではあれこれ言わなくても、黙々と一生懸命練習する態度やプレーで他の子たちの示しになるような存在でした」

大会後にチームメイトと記念撮影する宮城投手。（写真左／知名氏提供）

的当て練習で磨いたコントロール

2年生からは小学校時代に痛めた肘の怪我が治り、本格的にピッチャーの練習に取り組んだ。この頃に投手としての才能が大きく開花し、チームの中心選手になった。どんな練習に取り組んでいたのだろうか？　知名総監督がまず挙げたのは、宜野湾ポニーズでずっと行われているという独特なピッチャー育成法だ。

「うちのチームのピッチャーがよくやる練習がまず的当てです。キャッチャーを座らせる前に、クッションをつけた的を狙って投げる練習をしっかりやるんです。ある程度狙って的に当てられるようになったら、キャッチャーが座って、本格的なピッチング練習に移行していくという流れですね」

宮城投手もこの練習で変化球のコントロールを磨いた。

「大弥はスピードがそこまで際立っていたわけではなかったんですけど、この的当てでもとにかくコントロールが良かったですね。あとはストレートだけじゃなくて変化球を投げるのが上手だったんです。縦のカーブ、スライダーをしっかり狙って投げることができていました」

左ピッチャーに縦の変化球を低めに集められたら、そう簡単に打つことはできない。中学生のバッターであればなおさらだ。

また、この頃の練習では「遠くへ強いボールを投げることができれば、高校に行ってもそれだけで大きなアドバンテージになる」というチーム方針から、遠投も重視していたという。

的当て練習と遠投で磨かれたボールは次第に際立ったものになり、侍ジャパンU15代表に選出されるまでになっていた。

「2年生の途中から主戦投手になって、それから約1年間、たしか大弥が投げた時は1点もとられていないと思います。ほとんど負けなかったピッチャーは他にもいましたけど、ここまで点を取られなかったのは大弥だけですね。バッティングも良くて足も速かったので、投げない時は外野を守って、攻撃面でも中心選手でした。3年生の時にはピッチャーとしても野手としても突出した存在になっていました」

1球1球に対して真剣に取り組む姿勢

中学2年から急激に成長を見せた宮城投手。そもそもの能力が高かったこともあるが、他の投手陣も同じ練習メニューに取り組んでいたなかで、なぜ体格に恵まれない宮城投手が人一倍成長することができたのだろうか？　それは宮城投手が、誰よりも1球1球に対して真剣に、しっかり取り組んでいたからなのだと知名総監督は振り返る。

「こちらが見ていないと力を抜いて投げたり、なかなか投げない選手もいるんですよ。でも大弥は誰も見ていないところでも手を抜かない。1球1球に対していつも真剣に取り組んでいました。星稜で甲子園に出たマーガード（真偉輝キアン）なんかは、ボールを手でいじくってばかりでなかなか投げなかったですね（笑）。体はマーガードのほうがはるかに大きいですけど、そういう積み重ねの差が、後々出てきたんじゃないですかね」

宮城投手の投球フォームは当時から少し右側をクロスして投げる独特のスタイルだったが、それに関しても特に直すようなことはしなかったという。

「大弥に対しては練習で何か言ったり、叱ったり怒ったりしたことはほぼなかったですね。試合でも叱るとすれば、無駄な四球を出した時くらいに、『それが自滅に繋がるんだぞ』と言うくらいですけど、それもほとんどなかったですね」

プロの投手としては体が小さい。しかし、知名総監督の印象では身長に対するハンデを感じるようなことはなかった。

ドラフト指名後にOBたちとチームを訪れた宮城投手。（前列左から3人目／知名氏提供）

「中学1年でポニーに入ってきた時は他の選手と比べて小さいわけではなかったです。だからあんまり背が低いという印象はないんですよね。学年が上がるにつれて周りの選手が大きくなっていって、結果的に小さいほうになったというだけで、身長が小さいから苦労してきたとか、身長が小さいことによる反骨心みたいなのはあまり感じませんでしたね」

知名総監督は、中学時代、宮城投手の反骨心は別の部分にあったと見ている。

「むしろ反骨心を持っていたとすれば家庭の生活が苦しかったということじゃないですかね。本人から直接そういうことを言われたことはありませんでしたけど、お父さんからは時々そういう話はありました。普段の練習や試合だけでなくて、勝ち進んで遠征に行ったりするとそれだけお金もかかる。その費用の支払いを少し待ってほしいということで、自分が立て替えて後から分割で払ってもらったりしていましたね。大弥も大きくなるにつれ、当然そういう事情はわかっていったと思いますから『何とか野球で成功してやる！』という気持ちは強かったと思いますよ」

だからと言って本人に悲壮感みたいものはなかった。それは性格的にも優しくて人懐っこく、みんなから好かれていたからだと知名総監督は話す。現在の宮城投手の印象そのままだ。

活躍の背景にある中学、高校での悔しさ

「当時は、高校野球では十分通用するだろうなとは見ていました。ただ、将来プロで活躍するとは正直予想していませんでした。本人はポニーで野球をすると決めた時から、プロでやりたいという思いは強かったみたいです。それを聞いていたので、高い目標を持ってそれに向かってやることはいいことだよという話はしましたね」

中学ではまさに無双状態で、沖縄県内では既に有名になっていた宮城投手だが、決して

すべてが順風満帆だったわけではない。

「大弥が投げた試合はずっと負けたことも、点をとられたこともなかったんですけど、3年生の時に出場したアジア太平洋選手権で台湾に1点とられて、それで負けたんです。私の記憶で大弥が失点したのはこの1点だけでした。でも、チームが勝てなくて世界選手権には出られなかった。これは悔しかったと思いますね」

中学3年生の時には侍ジャパンU15代表に選ばれていたため、全国大会は1試合だけ出場してチームを離れ、U15代表の合宿に行った。しかし、宮城投手が不在の間にチームは敗退してしまった。中学最後の大きな大会で、自分が投げられずに負けたことをすごく悔しがっていたという。興南高校に進学後も、1年、2年時は甲子園に出場しながら、3年生の夏は沖縄大会決勝戦で延長戦で敗退した。

「だから中学でも高校でも最後は悔しさの残る終わり方だったと思うんです。その経験がプロでも活躍できるきっかけになっている部分はあるんじゃないですかね」

プロ入り後、活躍を続けている宮城投手に、知名総監督も正直驚きを隠せない。

「まずドラフトの順位に驚きました。私以外も、もっと下位のほうだと考えていた人が多かったんじゃないですかね。今の活躍についても予想以上です。2年目にあれだけの活躍をしたので翌年は苦しむかもしれないと思って見ていました。案の定、前半戦は苦しみましたけど、後半戦にしっかり結果を残して二桁も勝ったのは立派ですね。

大弥は今でも沖縄に帰ってくるとチームの練習に顔を出して、選手にいろいろ話してくれています。現役の中学生にとっては、私が何か言うよりも、プロ野球選手本人から話を聞いたほうが得るものは大きいんじゃないですかね」

歴史のあるチームで長年多くの選手を指導し、他にもプロに選手を送り出している知名総監督にとっても宮城投手は自慢の選手だということがよく伝わってくる話だった。最後に宮城投手へのメッセージをお願いした。

「昨年も最初は苦しんだように、プロのレベルはやっぱり甘くないということはよく分かったことでしょう。その中で結果を残したのは立派です。でも、3年続けて成績を残して初めて本当の意味でプロ野球選手だと思います。昨年の結果に満足することなく、今年はさらなる飛躍を目指して取り組んでもらいたいですね」

（取材：西尾典文）

埼玉西武ライオンズ

平良海馬

(身長173cm) 1999年11月15日　右投左打

真喜良サンウェーブ▶八重山ポニーズ▶沖縄県立八重山商工高校▶埼玉西武ライオンズ

「身長や体重に関係なく活躍できるのが野球の魅力」

2017年に八重山商工から埼玉西武にドラフト4位指名された平良海馬投手。3年目の2020年に54試合に登板し、33ホールドをマークして新人王を獲得。2021年には39試合連続無失点を記録するなど、球界を代表するセットアッパーとして活躍を続けている。いまも野球が「めちゃくちゃ楽しい」という平良投手は、どんな野球少年だったのだろうか？　石垣島での小中高時代を振り返ってもらった。

背が伸びなければ体重を増やす

173センチは、プロの右投手で見たら、平均身長より低いと思います。でも、今まで野球をやってきた中で、自分の身長を気にしたことはありません。野球ができて、試合で活躍できることが楽しかったので、そういうこと自体、考えたことがありませんでした。

小学時代の身長は、背の順では真ん中から少し後ろぐらい。中学1年生のはじめで、150センチぐらいだったと思います。中学の卒業時が、170センチに届くかどうか。全然、大きくはないですよね。

体型的には「早熟」で、早い時期に成長が止まったように見られますけど、高校でも少しずつ伸びて、最終的には173センチになりました。

プロに入ってからは、体重の増加が落ち着いていますが、ぼくの中では体重を増やすことで、ピッチャーとして球速が伸びて、打球も飛ぶようになった実感があります。体重が増えることに比例して、パフォーマンスが上がっていきました。

「背がもう伸びないのであれば、体重を増やせばいい」

そう思っていたところはあります。もともと、子どもの頃からがっちりした体型だったんですけど、高校に入ってから、食事とウエイトトレーニングで体重を増やすことに力を入れました。頭にあったのは、「速さ×重さ＝パワー」。この考えがあったので、身長を気にせずにプレーできたのかもしれません。

ウエイトトレーニングで球速アップ

プロを本気で考えるようになったのは、高校3年生に上がる直前の3月です。初めて152キロを出すことができて、「150キロを超えたら、プロに行けるかな」と思うようになりました。

高校入学時は135キロぐらいで、そこから体重が増えるにつれて、自然に球速が上がっていき、2年秋には146キロに。その頃、菊池雄星さん（トロント・ブルージェイズ）に密着したテレビ番組を見て、雄星さんがウエイトトレーニングをやっていることを知りました。そこから、「一流選手がやっているのだから間違いない」と、トレーニングジムに週4日通うようになり、一冬かけて体を鍛えていきました。

ジムでトレーニングのやり方を教えてもらい、「胸」「背中」「下半身」と3つに分けて、一日にひとつの部位を重点的に鍛えていく。筋力が上がったことで、スピードも上がっていったのは間違いないと思います。「ピッチャーは上半身を鍛えないほうがいい」とも聞きますが、まったく気にしていませんでした。

食事は1日5〜6食。朝昼晩以外に、朝練終わり（8時）、練習前（16時）、ジムに行く前（21時）と、補食を入れるようにしていました。好きだったのは、プロテインですね。プロテインのチョコ味が美味しくて、よく飲んでいました。

ぼくはよく食べるほうだったので、いろいろなものを好きで食べていましたけど、たまに耳にする「吐くまで食べさせる」というのはちょっと違うかなと思います。体重を増やしたいと思うのなら、食べられる量を何回かに分けて食べたほうがいいと思います。

「背が小さいから、ピッチャーは難しい」と決めつけず、
いろいろなポジションを経験して、
選手としての可能性を広げてほしい

PHOTOS：産経新聞社

野球で遊んでいた小学時代

子どもの頃を振り返ると、生まれ育った石垣島は、都会のように遊ぶところもないので、野球ばかりしていた思い出があります。小学時代にプレーした「真喜良サンウェーブ」は、月曜日が休みで、それ以外は練習日。学校が終わったらすぐにグラウンドに行って、監督が来るまではミニゲームみたいなことをして遊んでいました。

自由なチームだったこともあって、野球を〝やらされている感〟はまったくなかったです。一応、集合時間が決まっているんですが、その時間に遅れても怒られることはなくて、友達と遊ぶ日があれば、そっちを優先しても構わない。そんなチームだったので、友達の家でゲームをしてから、練習に行ったこともあります。

石垣島なので、海がすぐ近くにあるんですけど、泳ぐのは苦手でした。波に流されることもあれば、クラゲに刺されることもあるので、苦手というより怖かったですね。素潜りなんて、絶対にできません（笑）。釣りは好きで、練習が休みの月曜日に友達とよく行っていました。

野球もゲームも釣りも楽しかったですが、あとになって思うのは、「もっと勉強しておけばよかったかな」ということですね。宿題もあまりちゃんとやらずに、遊んでばかりいたので、そこだけは後悔しています。

プロ野球選手になることは、まだ夢の段階でした。小学校で、「夢の発表」みたいな授業があって、そこで「プロ野球選手になりたい」と言ったことは覚えています。

小学生の頃は、ピッチャーではなくキャッチャー。がっちりしたタイプで、どちらかと言えば、太り気味の体型です。周りよりもご飯をよく食べていて、パワーもあったほうだと思います。

肩の強さには、少しだけ自信がありました。学校のソフトボール投げでは、65メートルの記録で1位。それでも、石垣島にはもっとすごい子がたくさんいて、85メートルぐらい投げている子もいたので、「自分が一番うまい」と思ったことは一度もありません。

ロッテが石垣島で春季キャンプをやっているので、チームで何度か観に行ったことがあります。ずっと観ていたのは当時のぼくと同じポジションの里崎智也さん（元ロッテ）でした。打ち方にも特徴があったので、気になる選手でした。

中学時代にキャッチャーからピッチャーに転向

中学は、硬球に少しでも早く慣れておきたいと思って、「八重山ポニーズ」に入りました。生活面にめちゃくちゃ厳しいチームで何度も怒られた記憶があります。集合時間に遅れると、「もう来なくていい！」と帰らされることもあって、少年野球とはだいぶ違いました。チームの約束は、10分前行動。遅刻して怒られるのがイヤだったので、さらにその10分前行動を心掛けて、とにかく時間に遅れないように必死に動いていました。

中学でもポジションはキャッチャーでしたけど、人数の少ないチームだったので、紅白戦ではいろんなポジションを守ったり、ピッチャーもやったりしていました。もしも人数の多いチームだったら、紅白戦でマウンドに上がることもなかったと思うので、ピッチャーをやっていなかったかもしれないですね。

詳しい時期は覚えていませんが、3年生になる頃に、本格的にピッチャーをやるようになりました。キャッチャーとして二塁に結構いいボールを放っていたこともあって、「球が速そうだから、ピッチャーをやってみろ」と監督に言われたことがきっかけです。球速は、

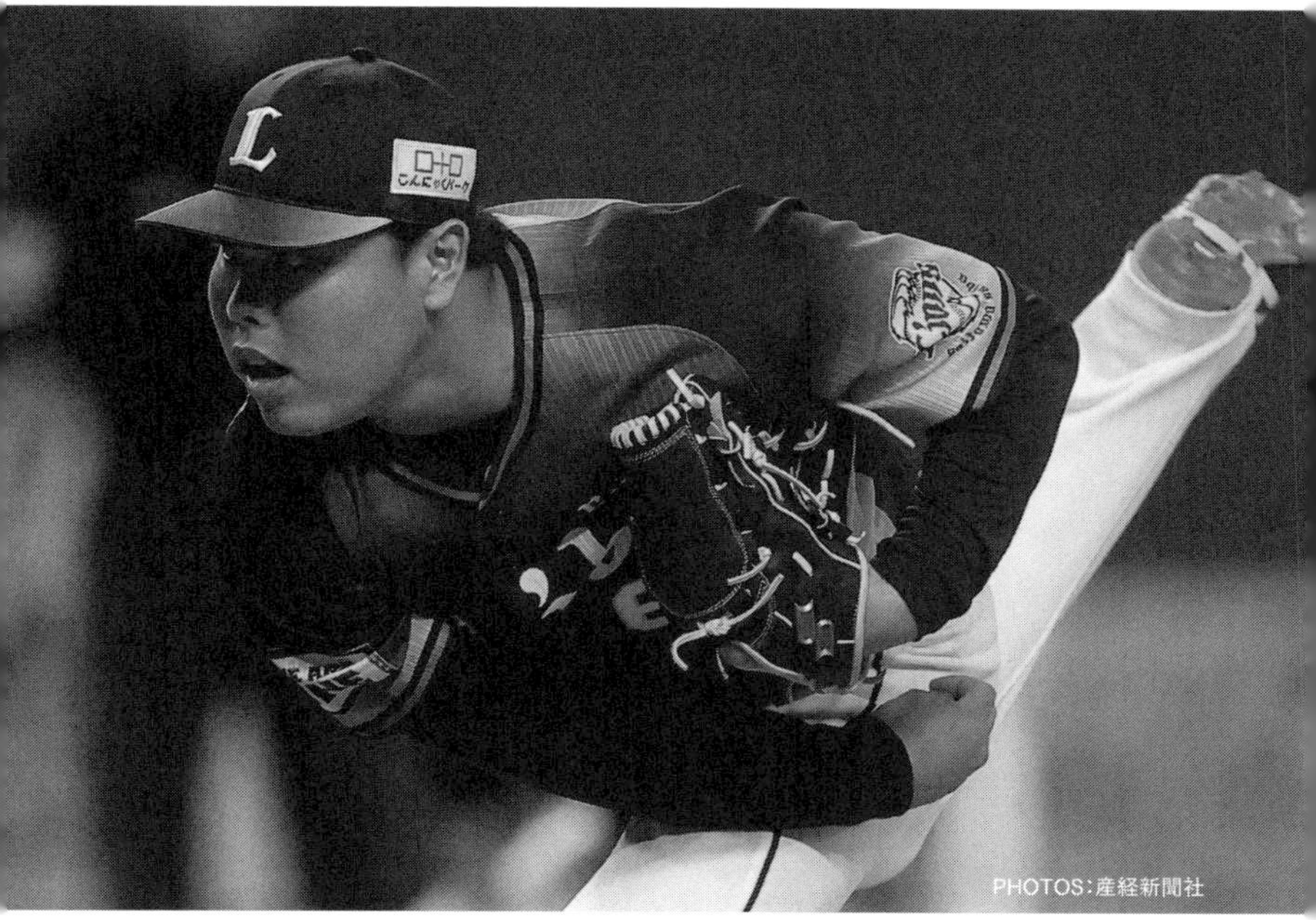

PHOTOS:産経新聞社

3年生で130キロぐらいだったと思います。遅くもないけど、めちゃくちゃ速いわけでもありません。

ポジションのこだわりはまったくなくて、試合で活躍することが楽しかったので、「どこでもいいから試合に出たい」と思っていました。生活面には厳しいチームだった分、野球の時はのびのびプレーできたので、それもまた楽しいところでした。

もし、あのままキャッチャーをやっていたら、プロに行くのは難しかったでしょうね。ピッチャーは「球速」というわかりやすい指標がありますが、野手の場合はそういった数字がなかなかありません。個人的には、スカウトの目に留まりやすいのはピッチャーなのかなと思います。ぼくの場合は、150キロを出したことで、スカウトに注目してもらえたところがあります。

本気で退部を考えた高校時代

八重山商工の伊志嶺吉盛監督（当時）にいろいろとお世話になっていたので、石垣島を出て、沖縄本島に進学することは考えていませんでした。

中学時代と比べると生活面はそこまで厳しくなかったですが、朝5時からの朝練がきつかったですね。寝坊はできないので、毎日、頑張って起きていました。

あと、とにかくきつかったのが、冬の走り込みです。1年の冬、あまりにも走ってばかりだったので、「ぼくは野球がやりたいのに、なぜこんなに走らなきゃいけないんだろう……」と思って、伊志嶺監督に「もう辞めます」と言いにいったことがあります。監督から、「3年夏まであと1年少しなんだから、頑張れ」と言われて、何とか辞めずに冬を乗り越えることができましたけど、あの言葉がなかったら、たぶん、野球部を辞めていたと思います。

甲子園は、まったく考えていませんでした。頭の片隅にもありません。かつては、伊志嶺監督のもとで甲子園に行ったことがある学校ですが、ぼくが入部した頃は部員数が減っていて、2年生の時には合同チームを組んでいます。

3年生に上がった際は、部員6名のところに1年生が加わったことで、何とか単独出場ができました。ライトはまったくの野球未経験者。人数も少なく、「勝てるはずがない」と思いながら投げていました。

それでもやっぱり、みんなと一緒に試合ができるのは楽しい。最上級生の時には、秋春夏とすべて初戦敗退で1回も勝っていないですけど、楽しかったですね。自分の中での大きなモチベーションは、「プロに行きたい」という想いでした。

今にして思えばですけど、人数が少なくて勝ち上がるのが難しいチームだったので、大会で連投したり、肩・肘などを酷使することもなかったので、それが今、プラスになっていますね。

子どものうちに可能性を狭めないでほしい

野球というスポーツの魅力は、身長や体重に関係なく、いろいろなポジションで活躍できることです。

ピッチャーは背が高くて細身で、手足が長い体型が好まれやすいですけど、ぼくのような体型のピッチャーもいます。だから、「背が小さいから、ピッチャーは難しい」と決めつけることだけはしてほしくありません。特に、小学生や中学生のうちはいろいろなポジションを経験して、選手としての可能性を広げてほしい。

身長が止まってしまったのなら、食事やトレーニングで筋量を上げていくのもひとつの方法です。ただ、ぼくの場合は体重が増えたことがパフォーマンスアップに繋がりましたが、それが合わない選手もいるはずです。いろいろなことを試してみて、自分に何が合うかを見極めてほしいと思います。

振り返ってみると、野球を始めた小学生の時から、ずっと野球を楽しんできました。生活面で厳しく怒られることがあっても、野球そのものは楽しい。その中身は年齢とともに変わってきていますが、プロ野球選手になった今も、「活躍した分だけ、しっかりと評価される」という醍醐味がありますから、めちゃくちゃ楽しいです。

指導者のみなさんには、子どもたちに、野球の楽しさを伝えてあげてほしいと思います。子どもたちには、野球を存分に楽しんでほしい。その気持ちがあるかぎり、いくつになっても成長することができると信じています。

【プロフィール】

平良海馬（たいら・かいま）

小学生のときに軟式野球チーム「真喜良サンウェーブ」で野球を始める。中学では「八重山ポニーズ」に所属。2年までキャッチャーだったが3年から本格的にピッチャーに転向し、全国大会にも出場。八重山商工では部員不足などもあり、県大会は春、夏ともに初戦敗退。しかし、最速154キロの速球が注目を集め、2017年に埼玉西武からドラフト4位指名。3年目に54試合に登板して33ホールドをマークして新人王を獲得。翌年には39試合連続無失点を記録し、東京オリンピック野球日本代表にも選出。プロ通算203試合登板、7勝8敗94ホールド31セーブ、防御率1・66（2022シーズン終了時点）。

PHOTOS：産経新聞社

指導者が語る
アマチュア時代

“体が小さいだけ”で評価しない 将来を見据え、その子の良さを 大人が責任を持って探す

高良真助《たからしんすけ》さん
真喜良サンウェーブ前監督

動体視力の高い5年生キャッチャー

周囲にはプロに行けるとはまったく思われていたなかった平良少年だが、ソフトボール投げでは65メートルを投げて学校で一番だったというから、少なからずその片鱗は覗かせていたとも言えなくはない。

「でも当時の石垣島には、80メートルくらい投げるもっと肩の強い子もたくさんいたんですよ。だから海馬の肩の強さは『まぁまぁ』という感じでした」

「それに……」と高良さんは付け加える。

後列左から3番目が平良投手。右端が高良さん。（高良氏提供）

「海馬のひとつ上に新里光平（八重山高校－青森大学－エナジック硬式野球部）という身長が165センチくらいあって、7イニングで三振を19個をとったりするような、いわゆる『スーパー小学生』と言われるような子がいて、その子のほうが目立っていましたね。海馬は野球をよく知っていましたけど、そんなに目立つわけではなくて、野球の上手さでいうと普通よりちょっと上という感じでした」

島の子どもたちの遊びといえば、1年中海で泳ぐか釣りをすることが多いが、電車が通っていないため移動はいつも徒歩か自転車となる。

「身長はぼくも含めてみんな小さいんですよ。でもそんな環境で育ってきているせいか下半身がしっかりしていたり、肩が強かったり、足が速かったり、という子が多いんです。海馬も当時の身長は150センチくらいで全然大きくなくて、でも体型はぽっちゃりでがっちりしていて、そういう子の代表例のような気がしますね。足は遅かったですけどね（笑）」

平良少年のポジションはキャッチャー。しかし、体格や「まぁまぁな肩」を理由にキャッチャーになったわけでない。

「動体視力が良かったんです。だからキャッチングにも長けていて、新里の小学生離れしたボールを捕れるのはチームに海馬のみ。5年生の時からキャッチャーをしていました。盗塁も結構刺していましたね。右投げ左打ちでしたけど、動体視力が良かったのでバッティングも上手でしたよ」

ノーコンでピッチャー失格

ピッチャー新里がバシバシ三振を取る。ワイルドピッチになりそうなボールも動体視力の優れたキャッチャー平良少年がしっかり止めた。普通であれば三振振り逃げになるようなケースも平良少年が何度も防いだ。二人の活躍もあり地区大会はすべて優勝。しかし初めて出場した県大会では春、夏共に初戦で敗れた。

「春も夏も1点差で負けました。でも、うちに勝ったチームがどちらもそのまま優勝しました」というから、当時のチームの強さが窺える。

そんなチームは当時、月曜以外の平日にも練習をしていたという。

「大会前は月曜も練習をしていました。あの頃は石垣島を勝ち上がることがやっとのチームで、全国大会を目指せるレベルではありませんでした。だから怒鳴ってまで練習をやるようなこともなく、毎日練習をしてはいましたけど厳しさは全然なくて、良くも悪くも遊びの延長で楽しくやっていました」

それでも海馬少年が6年の夏には県大会でベスト8まで勝ち進んだ。

「その時の県大会が石垣島開催だったので、島で3位でしたけど開催枠として出場することができたんです。海馬は4番でキャッチャー、70メートルを越すスタンドインのホームランを二打席連続で打ったのを覚えています」

聞いている限りでは海馬少年も十分に『スーパー小学生』だったようにも思えるが、それでも打者として大成する未来は想像できなかったという。

「うーん、やっぱり体が大きいわけでもないですし、足が速くなかったですからね。打つほうで将来プロというのも想像できなかったですね」

ならばピッチャーとしての才能の片鱗は窺えたのだろうか？

「ボールは速かったですけど、10球投げたら8球はボールという感じでしたから、ピッチャーはさせられなかったですね（笑）。本人はもしかしたらやりたかったのかもしれないですけど、そんなに意思表示をするタイプでもなかったですから。試合ではキャッチャー、たまにサードをやったり、という感じでした」

平良少年にマッチしていた指導ポリシー

当時の平良少年は高良さんから見てどんな小学生だったのだろうか？

「ユーモアがあるとか、おしゃべりが上手だということはなくて、いつもブスッとしている感じで、テレビに映るマウンド上の海馬そのままの子でしたね（笑）。でも、塾があるとか体調が悪いとか、たまに練習を休む子もいるなかで、海馬が練習を休んだ記憶はないですね。野球が楽しかったんでしょうね、1年中野球をやっていた印象があります」

平良少年のエピソードは続く。

「キャッチャーなんですけど、練習試合だとパスボールを全力で捕りにいかないんですよ（笑）。ベンチから『捕りにいけよ！』と言っても、不貞腐れたような感じで、ランナーがいてもダラダラと捕りにいく。凡打した時も一塁まで全力で走らず、ベンチにも歩いて帰ってきたり……態度にすぐに出ていましたね。『もうやる気スイッチが切れました』みたいな態度をとることが多々ありました（笑）」

そのような態度をとると、監督、コーチはどうしていたのだろうか？

「今はプロで活躍しているから笑い話にできるんですけど」と断ってこう話す。

「言っても聞かなかったですね（笑）。そんな態度でもまかり通るようなチーム環境ではありましたから、我々もどこかで『しょうがないな』という部分もありました。でもさすがにこちらにも限界があるので『お前もうダメだ！　もう（野球を）やめれ！』と言うこともありました。でも、次の日の練習には何事もなかったように来るんですよね（笑）」

プロで成功している今があるから、これまでのプロセスが正しかったとするならば、平良少年の態度が悪くても「しょうがないな」とチームが許容したことは間違いではなかった。

「そうであったらいいですけどね」と謙遜するが、高良さんは「少年野球で勝つこと、上手くすることは二番、三番目。一番は野球を好きになってもらって、中学でも続けてもらうこと」をポリシーに少年野球の指導にあたっている。

こんな指導者に巡り会えたことが、後に「少年野球はやらされている感がなくて楽しかった」と振り返ることのできる、プロ野球選手・平良海馬を生んだのだ。

すべての子どもに可能性があることを海馬に教えてもらった

沖縄で試合があると、平良投手が家族と一緒に家族席に招待してくれる。正月に石垣島に帰ってきた時は、いつも自宅まで挨拶に訪れ、チームの練習にも顔を出してくれる。記録を達成した際などはLINEでやりとりも行う。二人の交流は今も続いている。

「何年か前に自主トレで島に帰ってきていた時、『今年は忙しくてチームに顔を出せませんʼ』って連絡があったんです。それを知ったお母さんが『あんなにお世話になったチームに顔を出さないなんてことがあるか！　1分でも顔を出しなさい！』と怒ってね（笑）。そしたら本人が練習の終わり頃に慌ててグラウンドにやってきて。あんまり背が大きくないもんだから、父兄に混じっている海馬にしばらく誰も気付かなかったんです（笑）。でも最後にしっかり子どもたちに『今のような感じで楽しく野球をやり続ければ、ぼくみたいにプロになる夢も叶うかもしれないから頑張ってください』と話してくれました」

キャッチャー姿で戦況を見守る平良少年。（高良氏提供）

不貞腐れながらパスボールを拾いにいっていた少年の成長した姿を話す時、高良さんの表情はどこか嬉しそうだ。

「身長も大きくなくて少しポッチャリしていましたし、試合中に感情を直ぐに態度に出してしまうこともあった海馬が、今は島の子ども達に夢を与える存在になっています。そんな海馬の活躍を見ていて、私も子どもを見る目、接し方が変わりました。

当時は、チームに入ってきた子に『1年生だからボール拾いをしておけ』とか、何かを求めてきても『ちょっと後でな』みたいに対応したり、目先の試合や練習のことばかり考えていました。でも今は、どんな子に対しても『この子は将来どんなふうに夢を叶えるのかな』って、そんなふうに考えられるようになりましたね」

そして、体の小さな選手を預かることもあるであろう、全国の少年野球指導者に向けて、自身の経験も踏まえてこんな話をしてくれた。

「将棋って『歩』もあれば『金』や『飛車』、『角』もあって、それぞれに役割がありますよね。野球も同じだと思うんです。うちのチームには太っている子や小さい子もいます。でも太っている子はスピードがなくても当たれば誰よりも飛ばすことができたり、小さい子はパワーはないけど足が速かったり守備が上手かったり、それぞれに活躍できる場所があるんです。そういう、子どもたちの優れている部分を見てあげてほしいですね。たまたま体が小さかった、たまたま太っていた、そんなことで子どもを評価してほしくないですね。

その子が持っている良い部分、優れている部分を大人が責任を持って探してあげれば、どんな子にだってそれは100％あると思っています。優れている部分を見つけてあげたら、それを口に出して褒めてあげる、そしてきちんと野球に生かしてあげてほしいですね。

小さい子はバッターボックスでは『歩』かもしれないですけど、脚が速いという武器がある選手ならば、塁に出れば盗塁を決めて『金』に成ることもできるんですから」

最後に平良投手へのメッセージをお願いすると、少し照れた様子でこんな言葉を贈ってくれた。

「海馬が何キロのボールを投げた、三振を何個とったとか、その活躍は毎回地元の新聞に載っています。おじいちゃん、おばあちゃんから子どもまで、それを毎日楽しみにしている人たちがたくさんいます。だから今後もさらに上を目指して、あわよくばメジャーリーグに行くくらいがんばってほしいと思っています。そうなれば、野球をやっている子どもや野球が好きな人たちだけでなく、石垣島全体に力を与えてくれると思います。そういう気持ちで頑張ってほしいです」

（取材：永松欣也）

オリックス・バファローズ

森 友哉

(身長170cm) 1995年8月8日　右投左打

庭代台ビクトリー▶堺ビッグボーイズ▶大阪桐蔭高校
▶埼玉西武ライオンズ▶オリックス・バファローズ

「体のサイズがハンデだと思ったことはない」

大阪桐蔭では2年時に甲子園春夏連覇を達成。ドラフト1位で埼玉西武に入団すると、2年目からレギュラーの座をつかみ、攻守にチームを支える存在となった森友哉選手。豪快なスイングで多くのファンを魅了し、小さな体で負担の大きな捕手というポジションで活躍を続けている。そんな森選手は「野球をやるうえで身長が低いというのは、何のハンデもデメリットもない」と話す。

PHOTOS：産経新聞社

ORIX BUFFALOES

練習に行くのが楽しかった少年野球時代

身長が低い選手向けの本なんですか？　自分、身長高いですよ（笑）。

野球を始めたのは保育園の年長の時ですね。きっかけは兄の影響です。兄が入っていた「庭代台ビクトリー」という軟式の少年野球チームに小さい頃からよく応援に行っていたら、監督から「お前も野球やってみんか？」と誘ってもらったんです。それで自分も練習に参加するようになりました。小学校に入るまではユニフォームはもらえなかったんですけど、1年生、2年生の低学年の選手と一緒に練習していましたね。

チームに入った頃はポジションとかは特になかったです。その時、その時でいろいろなポジションをやるような感じでしたね。

当時の身長は正直覚えていないです。でも保育園の中でも、チームの中でも特別小さかったわけではありません。小学時代もむしろ平均より少し高いくらいだったと思いますね。だから当時は自分の身長が低いという意識はなかったです。

低学年の頃はとにかく練習に行くのが楽しかったですね。選手の父兄がコーチをやっていたんですけど、野球だけじゃなくて鬼ごっこをしたり、練習中に駄菓子屋に連れて行ってもらってお菓子を食べたりとか、遊びながら練習をやっている感じでした。

当時のチームは結構強かったんです。自分たちの代もさまざまな大会で優勝しましたし、試合では勝つことのほうが多くて。

練習は土日以外に平日も2日はやっていました。4年生あたりから高学年になるにつれて、割としっかりとした練習をやるようになっていきました。この頃からキャッチャーをやることが多くなりました。練習が厳しかった時もありましたけど、少年野球で思い出すのは、やっぱり楽しかったことのほうが多いですね。

小学時代は野球だけでなく、とにかくスポーツ全般が得意でした。野球以外のスポーツではスイミングと空手も習っていましたし、体育の授業で他の種目をやることになっても、最初から割とうまくできていましたね。

厳しさも楽しさも経験した中学時代

中学では「堺ビッグボーイズ」という硬式のクラブチームに入りました。軟式ではなく硬式を選んだ理由は、庭代台ビクトリーから堺ビッグボーイズに行く選手が多かったというのもありますし、とりあえず硬式で野球をやってみたいと思ったから。高校野球とか甲子園とかは意識していませんでした。そんな先のことまで当時は考えていなかったです（笑）。

中学の時も野球以外のスポーツは得意でしたけど、だんだん野球の比率が高くなって、そこに集中していった感じですね。中学ではピッチャーをやったり、内野をやったりと複数のポジションをやっていました。

堺ビッグボーイズは、今でこそ指導者の方が「これからの野球界を変えていこう！」というような講演などもされているみたいですけど、自分が入団した頃はとにかく厳しかったですよ（笑）。練習量も多くて、めちゃくちゃしんどかったことをよく覚えています。それが2年生の途中でチーム方針が大きく変わって、全体練習が午前中だけになり、午後からは自主練習みたいな形になりました。だから野球チームに入ったのに、自分は午後からはサッカーばかりしていましたね（笑）。

正直この頃は「プロ野球選手になる」とは考えていなかったですから、練習が短くなって自由な時間も増え、「ラッキー！」くらいに思っていました（笑）。野球じゃない遊びもすごく楽しくて、今思えばかなりヤンチャなこともしていました（笑）。

それでも野球にしっかり打ち込もうと思えたのは、親からもいろいろと言われたこともありましたし、最終的には野球が好きだったという気持ちが強かったからですかね。

あとは大阪桐蔭の西谷（浩一）先生の存在が大きいです。すごく熱心に何度も中学時代の自分を見に来てくださいました。次第に「大阪桐蔭でやりたい！」「野球も今まで以上にしっかりやろう！」という気持ちが芽生えたんですよね。西谷先生は今も変わらずいろいろな選手を見に行っていると思いますけど、熱心に見てもらえたら選手はやっぱり嬉しいし、やる気が湧きますよね。

体のサイズがハンデだと思ったことはない

大阪桐蔭の同学年には中学時代から有名な選手も多かったんですけど、特に気後れするとか、すごいところに来てしまったみたいなことはなかったです。高いレベルの選手が多いからこそ、しっかりやらないといけないと思いながら取り組むことができました。

大阪桐蔭に入ってからはずっとキャッチャーです。キャッチャーにしては体が小さいと見られるかもしれないですけど、このサイズがハンデだと思ったことはないです。ブロッキングの時にボールが当たる体の面積は確かに小さいかもしれません。でも、そんなに気にしたことはありません。コリジョンルールができて、タッチプレーでタックルを受けたりすることもなくなりましたしね。高校2年生の国際大会で、アメリカの選手にタックルされて吹っ飛ばされた時はちょっとびっくりしましたけど（笑）。それでも体が小さいからキャッチャーとして大変だとか、ぶつかられるのが怖くなるようなこともなかったです。

大阪桐蔭に進んで良かったと思うのは、やっぱり西谷先生との出会いですね。西谷先生は野球の指導者としてだけでなく人間として、今まで関わってくれた方の中でも一番尊敬しています。自分たちのことを本当によく見てくれていますし、小さなことにも気づいてさまざまな話をしてくださるのですが、その言葉一つひとつに重みを感じるんです。そう思えるのは、やっぱりいつも自分たちのことを考えてくれているからだと思います。

選手たちをやる気にさせるのもうまいですし、試合時にベンチにいてくれるだけで選手たちが安心するというか、そんな存在感があるんです。監督と選手で立場は違いますけど、例えば、ライオンズでいう栗山（巧）さんや中村（剛也）さんがベンチにいてくれるだけでホッとする、そんなことと重なりますね。自分もあれくらいの年齢になった時に、西谷先生みたいな人柄の大人になりたいというのはずっと思っています。

背が低くても活躍している選手はたくさんいる

身長は現在が１７０センチなんですけど、中学で止まりました。はっきりとは分かりませんけど、中学を卒業する頃には今の身長に近かったですね。中学時代は学校の中でもチームの中でも平均的な身長でした。だから小学校や中学校を通して野球をやる中で、身長で悩んだ、プレーに影響したとかは一切なかったです。身長をもっと伸ばしたいと特段思ってはいなかったですけど、当時は晩御飯の時に牛乳を1リットルくらいは飲んでいました。でもあまり変わらなかった（笑）。自分の身長は、これくらいなんだろうなと思っていました。遺伝なので仕方ないですよね。それに高校でもプロに入ってからも特に身長が原因で大変だと思ったことはありませんし、他にも背が低くても活躍している選手はたくさんいますから。

身長に関係のない自分の武器を見つけて

野球をやるうえで身長が低いというのは、何のハンデもデメリットもない。

自分はそう思います。

身長が低いから野球ができないとか、ホームランが打てないとか、そういったことは一切ないと思います。身長が低いなら低いなりのやり方があるはずですし、そこでどう考えて工夫するかということが大事ですよね。

単純なパワーは体の大きい人のほうが有利なのかもしれません。でも、身長が高くて手足が長い人よりも、身長が低い選手は手足を起用に使えます。実際に自分は内角の厳しいボールを窮屈にならずに打つことができますけど、それは身長が低いからというのもあると思います。ちゃんとトレーニングをして練習をすれば、身長に関係なくある程度はパワーもつけることはできますから。

小中学生でも高校生でも、身長に関係のない自分の武器をまずは見つけてもらいたいですね。指導者の方も、子どもの身長が低いからという理由でその選手の可能性を限定するのではなく、もっと長所や武器になる部分に目を向けてほしいと思います。そうすれば背が低くてももっと活躍できる選手が増えるはずですし、そうなってもらいたいと願っています。

[プロフィール]

森友哉（もり・ともや）

大阪府堺市出身。大阪桐蔭では1年秋から正捕手となり、2年時には藤浪晋太郎（オークランド・アスレチックス）とバッテリーを組み甲子園春夏連覇を達成。3年時も春夏連続で甲子園に出場し、左打者としては通算最多タイとなる5本塁打を記録。2013年にドラフト1位で埼玉西武に入団すると、1年目から6本塁打を放ち、2年目にはレギュラーに定着。2019年には首位打者のタイトルを獲得するなどチームのリーグ連覇に大きく貢献し、MVPにも輝いた。捕手での首位打者獲得はパ・リーグでは野村克也（元南海など）以来の快挙。首位打者1回（2019年）、最優秀選手1回（2019年）、ベストナイン3回（2018年、2019年、2021年）。プロ通算926試合出場、909安打、102本塁打、449打点、打率・289（2022年シーズン終了時点）。

PHOTOS：産経新聞社

野球をやるうえで身長が低いというのは、
何のハンデもデメリットもありません

指導者が語る
アマチュア時代

小学生時代はむしろ背が高かった ヘッドスピードを速く！ 思い切り振れ！

大《おお》川《かわ》秀《ひで》樹《き》 さん
庭代台ビクトリー前総監督

抜群のヘッドスピードを誇ったスーパー小学生

「どこにでもおる『やんちゃくれ』という感じで、一時もじっとせずに、ようチョコチョコしていたのを覚えていますね」

そう懐かしそうに振り返ってくれたのは、森選手の少年野球時代の監督である大川秀樹さん。

プロ野球の世界では身長170センチと低い部類に入るが、小学生時代はむしろ大きいほうだったという。

「入ってきた当時は小さかったですけど、それでも1年生なりの小ささでした。5年生頃からグーンと背が伸びて。6年生の時は他の子よりもちょっと大きいくらいでしたね」

お借りした写真を見ると、確かに周囲の子よりも大きいのがよくわかる。

6年生4人の中でも当時の森選手は頭ひとつ大きかった。（大川氏提供）

甲子園でもプロでも身長を感じさせない豪快な打撃が魅力の森選手だが、当時から打撃はもちろん投げても他の子とはレベルの違う、いわゆる『スーパー小学生』のような存在だった。

「ヘッドスピードの速さが他の子どもたちと全然違いました。6年の頃は大人が草野球で使うビヨンドマックスを普通に振っていましたから」

スイングの形などは上のカテゴリーで教えてもらえばいい。小学生時代はとにかくヘッドスピードを速くすることが一番大事。あとはとにかく振れ！思い切り振れ！

今も昔も変わらない森選手の笑顔。（大川氏提供）

それが大川さんの打撃の指導方針だった。

「ヘッドスピードの速い選手に汚いスイングの選手はいない。ヘッドスピードが速くないと綺麗なスイングにならない。ヘッドスピードを速くするために綺麗なスイングにするのではなく、ヘッドスピードが速くなったら勝手にスイングが綺麗になってくる」

大川さんのバッティング哲学を体現するように、森選手は抜群のヘッドスピードから大人顔負けの打球を次々かっ飛ばす少年だった。ホームランもフェンスオーバーするだけではなく、外野の頭上をはるか越えていくような打球ばかりだった。

「あの子と同じくらい打つ子はよそのチームにもいましたけど、あの子ほど飛距離を出せる子はいなかったですし、あの子を抑えられるピッチャーもいなかったですね」

そんな森選手の小学時代の打撃を、生まれ持った才能やセンスがあったから、という言葉では片づけられないと大川さんは言う。

「日頃から家で5分でも10分でもいいから素振りしておけよって言っていたんです。それを森はお兄ちゃんと一緒にちゃんとやっていましたからね。それもちょっと重たいバットで。毎日夢中になって素振りをしていましたから、それだけ野球が好きだったということでしょうね」

4打席連続ホームラン後の凡退を悔しがる

「森が最高学年になったとき、チームを引っ張る存在になる」。そう確信していた大川さんは、森選手が4年生の頃から6年生の試合に連れていった。もちろん試合にも出した。

「ゲームに出ても相手は6年生のピッチャー。そりゃ4年生はなかなか打てないですよ。それでも森が打てなくて下を向いたことはなかったですね。悔しがっていてね(笑)。エラーをしたりするとちょっとシュンってなっていたんですけど、『コラァ！　下向くな！』って言うとね、目を潤ませながら顔を上げて守っていましたよね（笑）」

6年生になると大川さんの見立て通り、キャプテンで4番、ピッチャー兼キャッチャー（ときどきサード）として、チームを引っ張った。特にキャッチャーとしてのプレーには目を見張るものがあった。

「肩が良かったですから、キャッチャーをやると盗塁を刺しまくっていました。盗塁を刺すか、キャッチャーフライを捕るかしか、少年野球ではキャッチャーは見せ場がないんです。だから『走ってこい、走ってこい』っていつも森は思っている感じでしたよ。盗塁を刺したいから（笑）」

森選手が盗塁を刺しまくるため、対戦相手のチームは盗塁をしかけてこなくなるが、初対戦のチームはその肩の強さを知らない。そんな試合ではイニング間のセカンド送球のときに手を抜いたふわーっとしたボールをセカンドに投げていたという。

「そうやって相手を油断させて、相手が走ってきたらセカンドベースのはるか手前で刺すんです（笑）。ユーモアがあるというか、そこはある意味、野球センスですよね」

打撃面では、4打席連続ホームランを打ったこともあった。

しかし、大川さんの記憶に強く残っているのはその後の5打席目だという。

「ジャストミートだったんですけどセカンドライナーだったのかな？　その打球がすごかった。でも、えらい悔しがっていましてね。『そんな毎打席ホームランなんか打てるかい』と私は言いましたけどね（笑）。今にして思えばそれも森の負けん気でしょう」

「しょうもないズルすんな！」と怒った思い出

当時のチームは、ランニングの量や練習時間の長さなどを含めて厳しかったと大川さんは振り返る。しかしエラーや失敗について、子どもを責めたり怒ることはしなかった。

「確かに厳しく接しましたけど、勝つためではなく上手くなるために、です。だって勝ち負けは結果。でもどうせ野球で勝負をするなら、がっぷり四つで勝負できるくらいにはさせてあげたかったですから」

そんなチームにあって、次のような理由で森選手を怒ったことを今も覚えている。

「練習前には校庭を何周かランニングをするんですけど、そこに森が遅れてきたんです。あの子は他の小学校だったので平日練習の開始時間に間に合わないのは仕方がない。それ

少年時代の森選手の打撃フォーム。（大川氏提供）

はいいんです。でも遅れてきて他の子よりも何周か少なかったのに、他の子と同じタイミングでランニングを終えた。何周かごまかしていたんです（笑）。それは手を抜いたということですから『しょうもないズルすんな！』って、結構怒りましたね（笑）。そういうズボラなことはね、森に限らずみんな怒りました」

ヤンチャそうな印象のある森選手だが、怒られた時は反抗的な態度をみせることもなく、しっかりうなずきながら話を聞いていたそうだ。

「今にして思えばですけど、手を抜いたり、だらしないことに対してしっかり指摘をしたのは良かったのかもしれないですね。その後、野球で天狗にならなかったことに繋がっているのかもしれないですから」

ちなみに中学生の森選手に偶然出会った時も、怒ったことがある。

「近所のスーパーでばったり会ったんです。頭を金髪にした仲間と3人で学校を抜け出したみたいで……そこで『オイ！　お前いま学校あるんちゃうんかい、コラァ！』って怒鳴ったら、直立不動で『ハイ！』って背筋を伸ばして（笑）。隣にいた二人もビシッと気をつけをしてね（笑）。そんなこともありましたね。彼にとって私は、中学に上がっても『怖い監督』だったんでしょう」

「ファーストストライクをフルスイング」という約束

6年生のゴールデンウイークが終わった頃、卒業後の進路について森選手と話をした。そこで「（硬式の強豪チーム）堺ビッグボーイズでやろうと思っています」と言ってきた。

当時のチームは6年生が森選手を含めて4人しかおらず「森が打たないと勝てない」というチーム事情もあったため、森選手が少々のボール球に手を出しても何も言わなかった。

しかし、中学から硬式で野球をやると知った大川さんは、その方針を改める決意をした。

「これからはボール球に極力手を出さないように。その代わり、ノースリーだろうがファーストストライクがきたらフルスイングしていい。いつもフルスイングしろ。それを俺と約束しよう」

最初のストライクを見逃して、そのあとにそれ以上打ちやすいボールがくる保証はない。高いレベルでやっていくのであれば「イケる!」と思ったボールを振れるようにならないといけない。大川さんはそのように考えて、森選手と約束をした。

ちなみに、大阪桐蔭の西谷監督が中学生の打者をスカウティングするときのひとつの基準が「ファーストストライクを振りにいけるか」というのは有名な話だ。

大阪桐蔭での甲子園春夏連覇を成し遂げ、埼玉西武ライオンズにドラフト1位入団。リーグ優勝にも貢献し、現在は日本球界を代表する強打の捕手として活躍する森選手。教え子の姿を今はどんな思いで見ているのだろうか?

「ひたすら応援しているだけですね。2022年はちょっとケガもありましたけど、腰痛は高校の時からですし、キャッチャーというポジションがキツいんでしょうね。段々重心が低くなっていますけど、スイングは当時のまま。小学校の時から変わっていないです。ベースはあのままですね。森が覆面してスイングしてもすぐわかりますよ（笑）」

そんな森選手は、首位打者を獲得した4年前のオフに、チームに顔を出しに来てくれたことがあった。埼玉西武に入団する際に行った壮行会の時以来の再会だった。

森選手はバッティングのデモンストレーションを行い、子どもたちにプロの打撃のすごさを伝えてくれた。ほかにも、じゃんけん大会でバッティンググローブをプレゼントしてくれ、大人も子どもも大勢が列を作ったサイン会にも最後まで対応してくれたのだという。

最後に森選手へのメッセージをお願いした。

「プロに入る時の壮行会で私は、『森友哉ファンとしては一日も早く1軍で活躍する姿が見たい。そやけどできるだけ息の長い、いつまでも楽しませてくれるような選手でいてほしい』とスピーチしたんです。今もその気持ちは全然変わっていないです。いつまでも、ずっとプロ野球で活躍しているところを見るのが俺の望みや。それだけです」

（取材：永松欣也）

高松商

浅野翔吾

(身長171cm) 2004年11月24日　右投両打

屋島シーホークス▶高松市立屋島中学▶香川県立高松商業高校▶読売ジャイアンツ

「『体が小さくてもプロで活躍できる』夢を与えられる選手に」

身長171cmながら高校通算68本の本塁打を放ち、2022年夏の甲子園を沸かせた浅野翔吾選手。自慢の長打力に加え、俊足・強肩も兼ね備える逸材に、ドラフトでは阪神と巨人が1位指名。抽選を経て巨人への入団が決まった。本書の最後に「特別編」として、そんな甲子園のヒーローにご登場いただいた。

＊取材はドラフト会議前の2022年10月上旬に行われました

PHOTOS：産経新聞社

背が小さいからこそストライクゾーンを絞りやすい

――今の身長・体重は170センチ85キロでよかったですか？

浅野　いえ、171センチです。日によって、ちょっとだけ違いがあるんですけど、細かく言うと、171・2センチです！

――失礼しました。身長が止まったのはいつぐらいか覚えていますか？

浅野　小学生の頃から背の順は後ろのほうで、中学入学時が167センチ65キロぐらいです。中学2年生で身長が止まって、友達にどんどん抜かれていきました。当時は何も思わなかったんですけど、高校で身長の大きい選手をたくさん見るようになってからは、「もうちょっと身長が欲しかったな」と思いました。

――U－18でチームメイトだった松尾汐恩選手（大阪桐蔭／DeNAドラフト1位）は、178センチ78キロ。あれぐらいの身長は、欲しかったですか。

浅野　松尾ぐらいの身長があって、今の自分のようなガタイだったら、もう少しピッチャーに圧をかけられたかもしれません。

――逆に、171センチで良かったなと思うことはありますか。

浅野　背が大きいバッターに比べると、ストライクゾーンが狭くなるので、打つゾーンを絞りやすい。ピッチャーにとっても、少し投げにくいんじゃないかという気がします。

――なるほど、その視点はなかったです。身長が止まってから、野球選手として何で勝負しようと考えていましたか。

浅野　走攻守バランスの取れた選手です。スピード、守備、バッティング。すべてのレベルを上げていく。体が小さいので、小回りも効きやすいと思っています。

――身長が止まると、体重が増えていく傾向にありますが、中学生の頃を振り返ってみて、思い当たることはありますか。

浅野　自分は中学1年生の頃はこんなにがっちりしていなかったんですけど、身長が止まってから、横に大きくなった感じがします。

――一般的には、身長が止まってから、「ウエイトトレーニングに取り組み、筋量を増やす」という考えがありますね。

浅野　ウエイトトレーニングは、高校に入ってからです。特に、下半身の強化に力を入れました。はじめは、スクワットは70キロも挙がらなかったんですけど、今は1回のMAXであれば、200キロまで挙がります。ベンチプレスは、115キロがMAXです。高校1年生の頃は上半身で強引に打っていた感じがあったのが、下半身を鍛えることで、下半身で打つイメージが掴めるようになり、自分が思っている以上に伸びる打球が増えました。

——今のベスト体重はどのぐらいですか？

浅野　85キロです。2年夏の甲子園期間中に、練習量が減ったうえに、ホテルのご飯をたくさん食べたことで92キロまで増えて、動きが重くなってしまったことがありました。自分はスピードも武器だと思っているので、あまりに重いと動きにくい……。長尾先生（長尾健司監督）が毎日、補食を作ってくれるんですけど、それも食べずに、85キロまで落としました。自分は食べた分だけ太って、食べなければすぐに痩せるので、体重計には毎日乗るようにしています。

——そういえば、アメリカのフロリダで開催されたU－18のワールドカップでは、現地の食事がなかなか食べられなかったと聞きました。

浅野　食事が合わなくて、毎日、シーザーサラダとポテトばかりでした。アメリカに行っ

「体が小さくても、ホームランバッターになれる！」
子どもたちにとって、ぼくがそういう選手になりたい

PHOTOS：ヤキュイク編集部

ている間に、体重が5キロも落ちました。

キャッチャーをしたことで足腰が鍛えられた

――小さい頃の話を教えてください。野球を始めたきっかけは、何だったのでしょうか。

浅野　お父さんとよくキャッチボールをしていて、その流れで小学3年生の時に「野球をやらないか?」と、チーム（屋島シーホークス）に誘ってもらいました。

――習い事はしていましたか?

浅野　幼稚園の頃から水泳をやっていました。クロールで、小学校の記録会に出たこともあります。県大会にも出場できたんですけど、野球の練習と重なっていたので、野球を優先しました。

――水泳をやっていて良かったと思うことはありますか。

浅野　自分では、わからないです。「肩甲骨の動きが柔らかくなる」と聞いたこともありますけど、そこまで真剣にはやっていなかったので。

――最初のポジションは覚えていますか。

浅野　はじめはセカンドとライトで、そこからキャッチャー。中学3年生まではずっとキャッチャーでした。

――小学校でも中学校でも、地元では「怪童」だったそうですが。

浅野　どうなんですかね（笑）。

――中学校では50本以上ホームランを打ったんですよね。

浅野　55本です。そのうちランニングホームランが3本ぐらいなので、ほとんどがフェンスを越えた打球でした。

――パワーの源はどこにあると思いますか。

浅野　自分が思うのは、キャッチャーは1回1回しゃがむたびにスクワット運動をしているようなもので、そのおかげで足の力が強くなったのかなと。下半身も太くなったと思います。

――小学生の頃を振り返って、「これをやっておいて良かった」と思うことはありますか。

浅野　お父さんとよく話をするほうで、お父さんの教えを素直に取り入れていたことが今

読売
PHOTOS:産経新聞社

に繋がっていると思います。高校生になっても、お父さんからのアドバイスは素直に聞いています。

――反抗期はなかったですか？

浅野　ないですね。

――お母さんにも？

浅野　なぜだかわからないですけど（笑）、なかったです。

――中学は高松市立屋島中の野球部でプレーしていましたが、硬式は考えなかったですか。

浅野　屋島シーホークスで高松市では1位になったんですけど、県大会では優勝できませんでした。それもあって、「中学校ではみんなと一緒に優勝しよう！」と野球部を選びました。

――中学3年時には香川大会、四国大会で優勝して、全日本少年軟式野球大会に出場。目標を叶えましたね。軟式でもホームランを量産していましたが、高校で硬球に替わってからバッティングの違いは感じましたか。

浅野　ぼくは、軟式のほうが難しいと思います。ボールの中心をしっかりと捉えないと、打球が飛んでいかない。そのおかげで、ミート力が付いたと思います。高校野球をやるようになって、「バッティングは硬式のほうが簡単」と感じました。

――バットの重さが700グラム台から900グラムに変わりますが、その苦労はなかったですか。

浅野　バットを振る力はあったので、そこの戸惑いはなかったです。

体が小さくてもプロで活躍できることを証明したい

――高校では通算68本塁打。長尾監督が、「ドラフト1位のレベルまで成長するとは思わなかった」と話していたのですが、ご自身では3年間の成長をどう受け止めていますか。

浅野　意識が変わったのが一番大きいと思います。バッティングでいえば、中学生までは何も考えずにただフルスイングをしていたんですけど、高校では調子が悪い時期は何がダメで、打てている時期は何が良いのかを考えられるようになりました。

――そう考えるようになったきっかけは、どこにありますか。

浅野　高校になるとピッチャーのレベルも上がってくるので、打てない時期もあります。「何で打てないのか」を自分で考えないと、なかなか結果が付いてこない。自分のフォームを、映像でよく見ています。

――良い、悪いの違いはどこにありますか。

浅野　良い時は、顔が動かずに、最後まで振り切れている。３年夏の甲子園では、自分でも良い状態だったと思います。状態が悪い時は、前ヒザの壁が崩れて、バットを振りにいく際に外に開いてしまう。ステップした足が開かないことは、常に意識しています。

――2021年12月には、イチローさんが高松商の指導に来られています。目の前でイチローさんのバッティングを見て、何か感じたことはありますか。

浅野　ボールを捉えた時の音がまったく違いました。「パチンッ！」と高い音がする。インパクトの音に興味を持ったことがなかったので、新しい気付きでした。イチローさんは実際にお会いするまでは、〝体が細い〟というイメージがあったんですけど、間近で見てみると、〝芯の詰まった細さ〟だと感じました。何もかもがすごかったです。

――イチローさんの体に少しでも近づいていきたいですね。

浅野　はい、まずは85キロの体重をキープしたまま、動ける体を作っていきたいです。高校入学時から課題だった柔軟性の向上にも取り組んでいて、股割りでヒジが着くようになりました。最初はまったく着かなかったので……。高校の現役中は、股関節と肩甲骨の柔軟性を高める器具を毎朝使ってトレーニングをしていました。肩甲骨の可動域が広がったことで、送球もだいぶ良くなったと思います。

――チームではキャプテンも務めていました。長尾監督が、「キャプテンになってから、だいぶ周りを見られるようになった」と褒めていましたが、自分ではどうでしょうか。

浅野　自分でも、大人になったと思います。キャプテンになるまでは、いろんなことが表情に出ていたんですけど、周りのことを考えるようになってからは、ほとんど出なくなりました。

――長尾監督に一番教わったのは、どんなことですか。

浅野　「たくさんの人に応援される人間になりなさい。野球ができても、普段の授業態度や学校生活がダメだと、応援してもらえないよ」と、3年間ずっと言われていました。先生方への挨拶や、周りへの気配りは、高校に入ってから成長したところだと思います。

――授業も寝ずに、しっかりと受けていたと聞いています。

浅野　2年生の時に簿記の授業で1回だけ寝ていたことがあって、それをたまたま、廊下にいた長尾先生に見られたんです。そこから、怖くなって、寝ないようになりました（笑）。

――プロに入れば、授業はなくなりますが、好きな野球が仕事になります。どんな選手になっていきたいですか。

浅野　「体が小さいから、大きい人には勝てない」という言い訳だけは絶対にしたくないので、「体が小さくても、プロで活躍できるぞ」ということを自分のプレーで証明して、子どもたちに夢を与えられる選手になりたいです。

――素晴らしい志ですね。目標の選手はいますか。

浅野　ホセ・アルトゥーベ選手（ヒューストン・アストロズ）です。自分と同じように体が小さいにもかかわらず、メジャーリーグで年間30本以上のホームランを打っている。高校に入ってから、その存在を知って、「体が小さくても、ホームランバッターになれる！」と力をもらいました。今度は、子どもたちにとって、ぼくがそういう選手になりたいと思っています。

――浅野選手のように早い時期に身長が止まってしまったことに悩んでいる小・中学生も

いると思います。ぜひ、最後にメッセージを。

浅野　体のサイズは関係ありません。守備が得意だったり、走塁が得意だったり、その子によって必ず生きる道があるはずです。焦らずに、自分ができることをどんどん磨いていってほしいと思います。

［プロフィール］

浅野翔吾（あさの・しょうご）

香川県高松市出身。高松市立屋島小学校3年の時に軟式野球チーム「屋島シーホークス」で野球を始める。中学は高松市立屋島中で軟式野球部に所属。四国大会に優勝し、全日本少年軟式野球大会にも出場。U－15アジア野球選手権大会の日本代表にも選出。中学では通算55本塁打を記録した。高校では2年夏に甲子園で1本塁打、3年夏は打率・700、3本塁打の活躍で甲子園8強進出に貢献。高校通算68本の本塁打の実績と抜群の肩と走力がプロの注目を集め、2022年ドラフト指名を経て読売ジャイアンツに入団。プロでの活躍が期待される注目の新人選手。

東京農業大学

勝亦陽一 准教授

「野球好き」になれば、体のサイズに関係なく頑張れる

ここまで8人の「小さなプロ野球選手」と彼等のアマチュア時代の恩師に話を聞いてきました。小さい頃は体が大きく「スーパー小学生」だった選手もいれば、小中学時代から小さくて目立った活躍はしていない選手もいました。しかし、共通していたのは「小さい頃から野球が好きだった」ということ。これは言い換えれば、少年野球での子どもとの接し方、関わり方がとても大事であるということだと思います。そこで最後に、スポーツ科学の分野で運動能力の発達やトレーニング、コーチングについて研究を行い、野球の普及活動にも携わっている東京農業大学の勝亦陽一准教授に、子どもを野球好きにするために大事なことについて伺いました。

PHOTOS：ヤキュイク編集部

子どもの生まれた月、成長の個人差に目を向けて

——勝亦先生は発育発達学の見知から、少年野球をやっている子どもの生まれた月について調査をされていますね。子どもの生まれた月が野球にどのような影響をあたえているのでしょうか?

勝亦　コロナ前のデータになりますが、野球をやっている大人から子どもまでを調べてみると、小学生は生まれ月に偏りがないのですが、中学、高校、大学、プロと上がってくるにつれて生まれ月の偏りが出てきます。

アマチュア野球でいえば、全国トップの選手が集まってくる東京六大学リーグの選手は、4〜6月生まれが4割を占めていて、早生まれは1割程度しかいませんでした。他の大学のリーグと比べてもそれは顕著に表れていました。

——それは興味深いですね。どんな要因が考えられるのでしょうか?

勝亦　4〜6月生まれの子は、他の子よりも成長が早く体も大きい子が多い。小学生の頃から速いボールを投げられるし、遠くに(または速い)打球を打つことができるから試合

にもたくさん出ることができる。活躍するから選抜チームに選ばれるなどの成功体験も積みやすい。そういった子たちは、「自分は野球が得意だ」「野球が上手いんだ」という自己肯定感を得ることができます。当然モチベーションも高くなりますから、中学ではレベルの高いチームに進む、そこでも同じような成功体験を積んで高校もレベルの高いところへ進む。そういう好循環の中で野球ができている選手たちの中でもトップレベルの子たちが最終的に辿り着く場所が、東京六大学リーグになっているのだと思います。

ちなみに小学生年代での選抜チームでも、生まれ月の偏りは顕著に表れています（次ページ参照）。

――カテゴリーが上がるごとに生まれ月の偏りが顕著になっているということは、1〜3月生まれの子たちが途中で野球を辞めてしまっているということですね。

勝亦　どこかで辞めてしまっていると考えられますね。4〜6月生まれの子たちが好循環の中で野球を続けている中で、1〜3月生まれの子たちはその逆になっているんですよね。

――野球の上手さと生まれた月の関係性はわかりました。それもふまえて、指導者にはどんなことが求められるのでしょうか？

■一般の小学生野球選手

【投手】（調査対象数：155人）

4～9月生まれ 59.4%

10～3月生まれ 40.6%

【野手】（調査対象数：351人）

4～9月生まれ 49.9%

10～3月生まれ 50.1%

■選抜チームの小学生野球選手

【投手】（調査対象数：129人）

4～9月生まれ 86.0%

10～3月生まれ 14.0%

【野手】（対象数：60人）

4～9月生まれ 70.0%

10～3月生まれ 30.0%

（一般小学生野球選手と選抜小学生野球選手の生まれ月：2018年時点）

勝亦　その子を横（周囲）と比較するのではなくて縦（以前のその子）で比較してあげることだと思います。それは上手い子も、そうじゃない子も、体の大きい子も小さい子も全部基準は一緒です。そういうマインドを小学生の時から作っていくことが必要でしょうね。

結果ではなく「できるようになったこと」を認めてあげて

――体の小さい子がいる一方で、体の大きないわゆる「スーパー小学生」として騒がれるような子もいます。この本の中では森友哉選手（埼玉西武→オリックス）、浅野翔吾選手（高松商→巨人）がそれに該当すると思いますが、でも高校あたりから騒がれなくなったり、小中学時代に無名だった子に追い抜かれることも多くあります。そういったことが起こる要因はどの辺りにあると考えられますか？

勝亦　要因は二つあると思っています。ひとつはやはり生まれ月と体の成長の早さ。4～6月生まれで体の成長も早ければ「スーパー小学生」になる要素が高いと思います。でも成長って遅かれ早かれ、みんなしていくものですよね。もともと身体が大きくなるポテンシャルがあったけど体の成長が遅かった子や高い技術を持っていた子たちが、体が成長していくことによって「スーパー小学生」を追い抜い抜く可能性はあります。

もうひとつは、小さい頃から周りよりも上手かった子たちは自己肯定感がありますが、自分よりも上手い選手に追いつこうという、ハングリー精神というか、負けたくないという気持ちに欠ける面があるように感じます。「ウサギとカメ」のウサギのパターンということですね。もっといえば、追い抜かれた時に対応できず、心が折れてしまう選手もいるかもしれません。

――確かに、話を聞いた石川投手（ヤクルト）、美馬投手（ロッテ）など、小学時代から背が小さかった選手からは負けず嫌いなエピソードがたくさん聞けました。一方で「スーパー小学生」を森選手や浅野選手のように、その後も順調に育てるためにはどんなことが必要になるのでしょうか？

勝亦　上手い子ってあんまり褒めてあげる必要はないんです。できていることは「できているね」と認めてあげることはあっても、無理に褒めてあげる必要はない。今できていることではなくて、「できなかったことができた時」に「できるようになったね」と認めてあげること。それが大事だと思いますね。

――ホームランを打ったという結果を「すごいね」と認めるのではなく、例えば「苦手なインコースを打てたね」といったふうに、できるようになったことを認めてあげることが、その子の成長につながるということですね。

勝亦　そうですね。大人が子どものできるようになったことを認めてあげれば、子どももチームメイトのできるようになったことを指摘するようになります。そういう好循環をチームの中で大人が率先して作ることが、小学生年代ではとても大切です。

――逆に「できること」があまりない子も多いと思います。そういう子に対してはどうすればいいですか？

勝亦　例えば、空振り三振してベンチに帰ってきたとします。その時に「どうだった？」と聞いてあげてください。「狙っていたボールだったけど当たらなかった」と言えば、「狙っていたボールを振ったんだね。そこはよかったね」と、そこを認めてあげればいいんです。プレーの結果だけでジャッジするのではなく、そういうコミュニケーションをしながら前向きな行動を促してあげてほしいですね。

「楽しい」と「面白い」の先に「好き」がある

――体の小さな小学生でも野球を楽しんで、成功体験を積めるようにするためには、指導者にはどんなことが必要だと思いますか？

勝亦　チームでできることは限られているのかもしれないですが、複数ある大会のすべてに勝ちにいかないことですね。例えば「この大会は控えの子を中心に戦う大会」とか、大会ごとに目的を持って臨む。全部勝とう、優勝しようと思えば結局上手い子ばかり、いつもと同じ顔ぶれが試合に出ることになると思います。少年野球は育成の場であることを再認識することですね。

あとは、体が小さいからパワーがないなんて当たり前のことです。体が小さいからゴロを打てとか、バットを振らずに四球を狙えとか、選手の可能性を潰すような指導をしないことですよね。選手の将来を意識してほしいですね。

――話を聞いたプロ野球選手たちも「体のサイズを理由にプレーを強要されなかった」と話していました。だからこそ「少年野球が楽しかった」と皆さん振り返っているのかもし

れませんね。

勝亦　そうかもしれないですね。

――いま出た「野球が楽しかった」という点についてですが、野球の「楽しさ」とは、試合に勝つ楽しさ、上手くなる楽しさ、仲間とワイワイやる楽しさなど、さまざまな解釈があるように思います。勝亦先生は少年野球の「楽しさ」をどのように考えますか？

勝亦　野球の楽しさは「する」「できる」「わかる」「かかわる」の４つに分けることができると考えています。

このなかで「する」楽しさは野球の練習、試合をすること。やったことがないことや難しいことにチャレンジする楽しさもあります。

「わかる」楽しさは、ルールやプレーのやり方がわかること。例えばゲッツーの捕り方がわかる、プレーを見て〝ああいうふうにやればできるんだ〟など、「わかる」ことで、野球の面白さや奥深さにふれることができる。この「わかる」を子どもたちに面白く伝えられる指導者が、子どもたちを「野球好き」にさせるのが上手な指導者だと思います。

「できる」楽しさは、「わかったこと」ができるようになること。たとえば、投げる、打つ、捕る、走るなどができるようになることで有能感、肯定感、効力感を高めることができます。「かかわる」楽しさは、チームメイトと協力する、互いに尊重すること。野球は攻撃、守備ともに役割分担が明確であり、繋がりや連携などの「かかわる」ことが楽しいスポーツです。グラウンドに行くと友達、仲間がいるから楽しいというのも、チームにかかわることの楽しさのひとつです。

この4つの要素を理解した上で、自分たちのチームはいまどこに重点が置かれているのかを考えることが大事です。バランスが良いにこしたことはないのですが、何かひとつでも満たされていれば、子どもたちは楽しんで野球ができているのかなと思います。また、客観的に見て、自分たちのチームが4つの楽しさの何が足りていないのかを考えてみてほしいですね。

——やはり少年野球年代で一番大事なことは、子どもを「野球好き」にさせることなのでしょうか。

勝亦　そうですね。でも、その「野球好き」の前提は「楽しい」と「面白い」だと思うんです。その先にあるのが「好き」ということであって。試合は勝ったり負けたりします。「勝つ」ことで得られる感情は一時的ですから、それだけでは「野球好き」にはならないんじゃないでしょうか。

――なるほど。勝つことも大事ですが、それよりも子どもたちに野球を「楽しい」「面白い」と思わせることが大事ですね。勝亦先生、ありがとうございました。

（聞き手：永松欣也）

おわりに

この本の取材を通じて、日本プロ野球界で活躍する身長の低い8人の選手と、彼らをアマチュア時代に指導した皆さんにお話を伺うことができました。取材を行う中で、多くの選手に共通している点がいくつかあることに気付きました。

少年野球が楽しかった、野球が好きだったということ。

身長に関係なく伸び伸びプレーさせてもらえたということ。

負けん気が強かったということ。

この中で特に注目したいのは「少年野球が楽しかった、野球が好きだった」という点です。子どもの頃に抱くこの気持ちが、その後の野球人生を歩むうえでの「燃料」になっているのではないでしょうか？

皆さんのチームはどうでしょうか？　子どもたちは楽しそうに野球をしていますか？

もう一つ、彼らに共通していた点を挙げるならば、それは全員が「今の身長で良かった」と話していたことです。

森選手は「身長が低いからこそ内角の厳しいボールを打つことができる」、宮城投手は「ベストの体の使い方ができているのでこの身長で良かった」と言います。美馬投手は「『もうちょっと身長があれば――』と言われ続けたことが反骨心に繋がったので、この身長で良かった」と話してくれました。

そして、平良投手が語ってくれた次の言葉が、もうこの本の答えのような気がします。

「身長や体重に関係なく活躍できるのが野球の魅力」

少年野球人口の減少が叫ばれている現在、それでも野球を選んでくれた子どもたちを野球嫌いにさせるようなことがあってはいけません。

野球というスポーツに出会って、まさに入口である少年野球では、子どもたちに「野球が楽しい、野球が好き」だと思ってもらうことが何よりも大事。

そう思ってもらえれば、体が小さくても、思うように活躍ができなくても、子どもたちは次のステージで野球を頑張っていける――。

『ヤキュイク』はそう考えます。

この本を通じて、「体が小さくても頑張ればプロ野球選手にだってなれるんだ！」と、選手たちに夢を持ってもらえたら嬉しいです。

最後に、取材にご協力いただきました選手、指導者の皆様、球団の皆様、東京農大の勝亦准教授に改めて御礼申し上げます。本当にありがとうございました。

2023年1月10日　少年野球サイト「ヤキュイク」編集部　永松欣也

編者プロフィール

ヤキュイク編集部
「野球を通した教育」がテーマの全国の野球少年保護者、指導者向け情報サイト。大人はどのように子どもをサポートするべきか？　子どもの成長を引き出すためにどう関わるべきか？　保護者、指導者に役立つニュース、コラムを無料配信しているほか、小学生を対象に「ライフスキル」と「野球技術向上」をテーマにしたキャンプを、プロ野球球団と共に毎年実施している。　https://baseballking.jp/yakyuiku

---

企画・ライティング	永松 欣也
ライティング	大利 実、高木 遊、西尾 典文
カバーイラスト	横山 英史
カバー・本文デザイン	山内 宏一郎（SAIWAI DESGIN）
DTPオペレーション	株式会社ライブ
編集協力	馬渕 綾子
編集	滝川 昂（株式会社カンゼン）
取材協力	株式会社ヤクルト球団、株式会社千葉ロッテマリーンズ、株式会社横浜DeNAベイスターズ、オリックス野球クラブ株式会社、株式会社西武ライオンズ

※本書は野球WEBサイト『ベースボールチャンネル』で連載していた「小さなプロ野球選手の履歴書」を基に再構成し、加筆修正したものになります。

小さなプロ野球選手の履歴書

発行日　　2023年2月23日　初版

編者	ヤキュイク編集部
発行人	坪井 義哉
発行所	株式会社カンゼン 〒101-0021 東京都千代田区外神田2-7-1 開花ビル TEL 03(5295)7723 FAX 03(5295)7725 https://www.kanzen.jp/ 郵便為替 00150-7-130339
印刷・製本	株式会社シナノ

万一、落丁、乱丁などがありましたら、お取り替えいたします。

ISBN 978-4-86255-672-1　Printed in Japan
定価はカバーに表示してあります。
ご意見、ご感想に関しましては、kanso@kanzen.jpまでEメールにてお寄せ下さい。お待ちしております。